青少年超高效学习

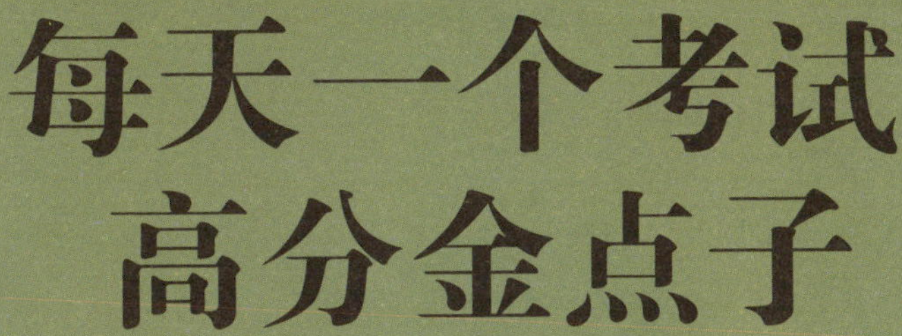

每天一个考试高分金点子

《青少年成长智慧库》编委会　编著

天津出版传媒集团

 天津科技翻译出版有限公司

图书在版编目（CIP）数据

每天一个考试高分金点子 /《青少年成长智慧库》编委会编著 . — 天津 : 天津科技翻译出版有限公司 ,2012.11（2021.7 重印）
（青少年超高效学习）

ISBN 978-7-5433-3133-4

Ⅰ . ①每… Ⅱ . ①青… Ⅲ . ①考试方法 – 青年读物 ②考试方法 – 少年读物 Ⅳ . ① G424.74-49

中国版本图书馆 CIP 数据核字 (2012) 第 245944 号

出　　版：天津科技翻译出版有限公司
出 版 人：刘子媛
地　　址：天津市南开区白堤路 244 号
邮　　编：300192
电　　话：（022）87894896
传　　真：（022）87895650
网　　址：www.tsttpc.com
印　　刷：天津画中画印刷有限公司
发　　行：全国新华书店
版本记录：889 × 1194　16 开本　8 印张　180 千字
2012 年 11 月第 1 版　2021 年 7 月第 2 次印刷
定　价：36.00 元

前言 Preface

有很多为分数所累的学生不能够正确对待考试，为一两次的考试失败而苦恼，有的甚至从此一蹶不振。在他们眼里，似乎只有“分数”两个字，却没有好好地对自己失败的原因进行理性的分析。我曾经对他们进行过调查，结果表明，这些害怕考试的学生大多缺乏应对考试的技巧。

就目前而言，还没有其他更科学的方法来取代考试，只能强调要正确对待它，合理利用它的积极作用，留意并克服它的弊端。

考试的积极作用主要表现在以下几方面：

一、证明和预测作用

通过考试，能在一定程度上呈现学生掌握教学大纲所规定的知识、能力、技能和技巧的实际情况。而且，考试及其评定学生学习成绩的方法愈科学，则分数愈能准确、可靠地反映学生学业的状况。在一般情况下，分数高的学生表明他学到的知识多，而且掌握得牢，对知识的理解深刻，运用能力也较强。学生的升级、升学都由分数判定，它是学生日后学习成绩的较好预示之一。

二、诊断与调节作用

这取决于考试的第一个作用。由于分数在一定程度上反

映了学生的学习情况，所以，教师和学生双方都可以从总分，或从每一类考试题型的得分和失分情况，了解到教和学的各方面情况，从而判断其质量和水平、优缺点等。

三、动机作用

考试分数，可以激发学生的求知欲，培养学生的兴趣。考试的动机作用主要表现为：好的分数可以引起学生对学习的直接兴趣。有许多学生，原来对某一学科不感兴趣，甚至怀有厌恶情绪，但因考试获得了好的成绩，自然而然地引发了他对这门学科的学习兴趣，而学习兴趣高，就有助于学习成绩的提高。追求高分成为学生的直接学习动机。

心理学研究表明，直接的学习动机，是推动学生学习的一个很重要的动机。而且，年龄越小，其学习受直接兴趣的影响就越大。随着年级的升高，其学习受直接兴趣的影响程度将逐渐减弱，但兴趣仍具有一定的作用。追求高分可以激发学生展开学习竞赛，而竞赛又可以激发学生的学习积极性。心理实验显示，在竞赛过程中，追求自我表现、自我完善、自我成功的情况要比平时强烈得多，因而多数学生在竞赛情况下学习成绩比平时要好。

通过考试，学生可以及时了解自己的学习成绩。成绩好，有一种鼓舞力量，可以使学生更充满信心地去学习；成绩差，有一种压力，鞭策学生更努力学习，迎头赶上。所以，考试是激发学生进一步努力的手段。

但是，我们也应该认识到，这种评估方式存在着一些弊端，它并不能十分准确地反映学生的学业情况，如果过分看重分数的话，还会压抑个性及能力的发展。

另外，为什么有的学生平时学习很好，但是到了考试，总是出人意料不能发挥出正常的水平呢？为什么有些学生总在考试的时候情绪不好，或者失眠，或者生病，以至于在考场表现失常呢？还有一些学生在考试的时候总是觉得时间不够，不能够在限定的时间内完成考试，白白丢失分数等。

一般来说，考试不仅是在考学生掌握知识的程度，还要考验学生应对考试的能力。所以作为学生，在平时努力学习的同时，还应该掌握一些基本的考试技巧。

在本书中，我要告诉大家如何进行高效率的复习，怎样因科制宜，根据不同的学科制定相应的考试策略，以及如何在有限的考试时间内驾轻就熟、一气呵成，考出好成绩。

目录 Contents

第一章 考前复习——考试得高分的序曲

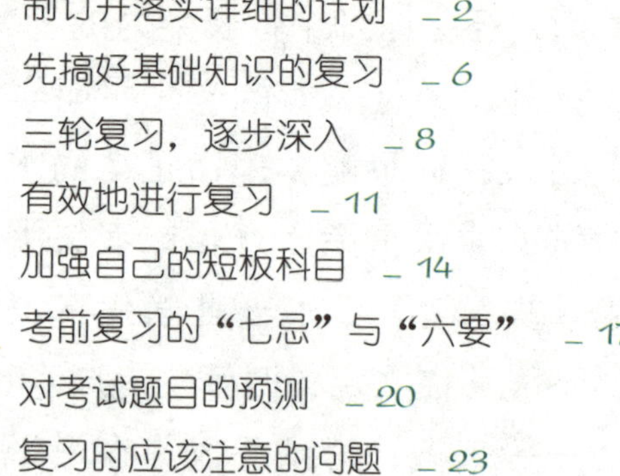

第二章 考场作文——各类作文得高分的技巧

第三章　考试策略——不可多得的应试技巧

第四章　身心健康——好身心是成功应试的前提

第一章　考前复习
——考试得高分的序曲

有的同学说："考试的意义在于复习。"这种说法非常正确。考试能促使自己有系统地复习，只有循序渐进认真地复习，才能考出好成绩。

为了全面系统地复习，在考试前应该制订一个切实可行的复习计划。计划不要很细，弄得自己寸步难行，而要留有余地，这样到考试时就可以胸有成竹。有的同学考前心中无规划，复习到哪儿是哪儿，甚至有的科目或章节还没有复习完就仓促上阵，这样自然心慌意乱难以应付。我们常说不打无准备之仗，没有充足准备就参加考试，往往会不战自溃；只有未雨绸缪才能掌握考试的主动权。

如果你能重视以下这些复习方法，并灵活运用，必定能有效提高考试成绩。

制订并落实详细的计划

总复习开始之前，要根据老师的复习指导计划和自己的学习基础情况，制订一份个人复习计划，这就好比建筑师在建楼房之前，必须先画设计图。复习计划要有明确的目的，对复习内容、需要的时间都要做出具体安排。有了切实可行的计划，才能保证忙中有序、有条不紊地进行复习。

第一，制订切实可行的复习计划。

即便老师的复习计划再完美，也一定要制订适合自己的完整复习计划。跟着老师走无异于将自己置于被动地位，只有针对自己的特点制订出的复习计划，才能使你在考前保持充分的主动。

制订计划前，首先要了解自己的学习情况，比如：在诸多学科中，你的强弱科目各是什么？每一学科的薄弱环节是什么？各个学科在这次考试中的地位如何？你一天里的学习高潮、低潮各在什么时间……不妨拿一张纸，边回忆边分析，当你搞清楚这些之后，复习计划自然就出来了。

首先，须制订长期计划。

长期计划的第一个主题，就是安排各学

科的主要复习时间段。像数学、物理、化学等重推理的学科，因其重理解胜于记忆，所以主要置于复习的中前期；像语文、历史等以思想和概念为主的学科，因重记忆强于重理解，则必须安排在复习的中后期，给予充分再回忆的时间。

长期计划的第二个主题，是找出自己知识体系中的薄弱环节，进行重点突破。重点突破时须注意，每一个时间段最好只设定一个突破口，解决后再进入下一个。

其次，长期计划必须要通过一个个短期计划来完成。

短期计划可以周为单位。短期计划要注意不要纵容自己的好恶，比如不能经常用一整天时间复习自己喜欢的功课，一定要养成各个学科齐头并进的良好习惯。另外，不制订不符合实际的计划，一定要有张有弛，否则你会被完成不了的计划给压住，而这种挫折感会严重影响你的自信。可以每周末在一个小本子上，将下一周的计划安排好，每天晚上再把明天的计划安排好，每完成一项就在小本上划掉。这样每划去一天的计划或一周的计划，你都会产生一种难以表达的喜悦。在做短期计划时，要将长期计划中的突破口置于一天中效率最高的时段。

复习计划不仅能使你更有效地利用时间，也会使你产生一种能掌握自己生活的微妙感觉，这种感觉能使你每天都保持积极进取的心态，努力学习。

第二，纠正复习安排上的常见错误。

尽量避免一些复习安排上的错误，这样能大大提高你的学习效率。这些错误主要有：

——时间安排失当，无关紧要的琐事耗时过多；

——功课常常是在手忙脚乱中完成的；

——学习中很难分清主次关系；

——学习前紧后松，做事有头无尾；

——常常犹豫不决，不知下一步该做什么；

——经常发现自己在做不必要的重复事情。

第三，克服拖延现象。

临考前，时间也许是最让你焦虑不安的，总希望能多出一天的时间来复习，但时间根本无法增加。解决的途径只有一条，就是克服拖延现象，提高时间的利用率。

拖延的坏习惯妨碍我们完成计划。当然这一坏习惯不是马上便能克服的，在此我们介绍四个步骤，来帮助你逐步克服这一陋习。

——静下心来。如果精神紧张，自然无法安心学习。能尽快静下心来的有效方法有两个：一是坐下来学习前，花几分钟进行一些简单的剧烈运动，如原地跑步、上推下蹲或跳绳；二是准备好所需文具、书籍，因为造成拖延时间的主要原因之一是坐下后又站起来找东西，迟迟不能开始着手学习。

——明确任务。给自己明确的任务有助于将注意力集中在最终的结果上，从而在考试中发挥出自己的最高水平。

——把复习任务“化整为零”。考试复习最令人生畏的是复习量大且范围广。为此应采取的最佳策略是“化整为零”，具体来说就是先翻阅一下课堂笔记，找出基本概念与主要问题，然后再把第一个概念及相关问题的笔记摆在面前，复习好第一个后，再复习第二个、第三个。

——确定完成任务的最后期限。途径之一就是按照课程单元或课堂讲授的不同概念确定复习期限。这样你才可以根据预定的日期来安排自己的复习进度。

第四，有效地利用时间。

时间对于考生来说是尤为重要的。临考前，时间也许是引起考生焦虑不安的主要原因。考生总希望能有多一天的时间为考试做准备，但时间是根本无法延长的。解决的途径只有一条，那就是提高时间的利用效率。有效利用时间的第一步是搞清哪些事情造成了时间的浪费，这样便可以有效地制订出节约时间的计划来。

——有选择地看电视。考生务必明白，打开电视毫不费力，但关掉电视却没那么容易。因此考生看电视尤其需要有选择、有控制，除非真的是非常有价值的节目，一般还是不看为妙；不过新闻最好看看，但在看新闻时最好站着，不要坐下。

——充分利用“等候时间”。每天等车、排队买饭，或排队看病的时间，乍看耗时不多，事实上这些时间累加起来挺惊人的，考生务必充分利用。利用“等候时间”的最好办法就是随身带上一本书或携带方便的笔记本或复习卡片。

——利用途中时间。每天往返学校途中自然要耗费一些时间。如果是乘车去学校，最好携带摘录卡，乘车时记忆单词、公式或其他零星内容。如果骑自行车去学校应考虑天气情况和路途所需时间，选择好离家时间。如果每天需要穿过城区交通拥挤地段，随身携带笔记或复习卡是必要的，因为随时有可能发生交通堵塞或遇到红灯。

——学会说“不”，考生可能会遇到一些不想参与的事情，但又碍于情面不好拒绝，耗时甚多，这时应当果断地说“不”，最好是夸张而有力地说这个“不”字。

先搞好基础知识的复习

基础知识是知识体系的根基，是分析问题解决问题的要领和工具。对基础知识理解越深刻，掌握越牢固，就越容易解决问题。基本的练习弄通了，不仅可以巩固并深化已学过的知识，还能为解决复杂问题打好基础。

日本有一所世界知名的学校，该校培养的学生大都考入了一流大学。这所学校在总结几十年经验的《应考的王牌——彻底掌握基础知识》中写道：“如果认为我们是传授什么特殊诀窍的学校，那就错了。建校至今，我们始终强调要牢固地掌握基础知识。如果基础不扎实，怎样拼命努力也是学不好的。”

要复习好基础知识必须从掌握复习纲要及复习课本入手。复习纲要是总复习的标准依据，必须深刻领会其精神实质，明确各方面的具体要求，并以此来引导整个总复习，如同技工拿着图纸装配零件那样，千万不可有片刻脱离。

课本是学习功课的根本，只有把课本复习好，才能掌握好基础知识。就数学而言，数学方法与数学概念是紧密相连的，很难想象如果连基本概念都不清楚就能找到巧妙的解题方法。但是至今仍有不少同学不重视从课本开始复习功课，而是“越着锅台上炕”，过早去看一些五花八门的复习提纲，或专门钻研各式各样的试题汇编，并把它们视为珍宝，

认为弄懂这些东西就拿到了应考的灵丹妙药。

其实这都是舍本逐末的做法，其结果往往会弄巧成拙。打个比方来说，你想要得到一棵大树，却又不想费力由根挖刨，只是拈轻怕重地折枝摘叶，那么到头来得到的总是些支离破碎的枝杈散叶，无论如何也得不到完整的大树。那么是不是就不要看复习提纲和试题汇编了呢？那也不是。当课本复习到一定程度，不仅比较熟练地掌握了基础知识，而且基本功的训练也达到了一定程度时，在教师的指导下浏览一两份精选的提纲，再与课本结合加深对知识体系的理解和掌握，进而试做一些不同类型的综合练习题，就会收到锦上添花、触类旁通的效果。

有些同学可能认为，近年来的试题难度逐年加大，综合性逐年增强，用那么多精力去复习基础知识有必要吗？这是缺少分析、缺乏经验的想法。

其实难度再大、综合性再强，也只是在基础知识运用上的“大”和“强”，万变不离其宗。在这样的情况下，只复习基础知识，而不从严进行综合练习、适当提升固然不行；但若不重视基础知识的复习，而是拔苗助长只做一些综合题更不行，则势必会使复习成为空中楼阁，造成在知识掌握上的半生不熟、高不成低不就的现象。正因为如此，不少学校在总复习中提出了“起点要准，步子要稳，扎扎实实逐步提高”的原则。而经过实践证明，只有这样，总复习才能有易有难、既广且深，达到比较理想的效果。

在复习基础知识的过程中，一定要重视理解，避免死记硬背，不管是文科还是理科都要从理解入手。只有真正理解了的东西，才可能深刻牢固地掌握，才可能同实际联系起来加以活用。死记硬背学到的知识则不易消化，容易忘，也很难在实际中运用。

其实进行总复习时，任务重、内容多，死记硬背也难以容纳，只有从理解入手，以理解为主，再辅之以必要的科学记忆，才能提纲挈领地掌握知识体系，驾驭运用知识。

三轮复习，逐步深入

如果总复习的时候，想一遍就成功，这就违背了理解和记忆的规律，效果不会太好。近几年来无数学校的成功经验和失败教训都证明：一般学科以复习三轮为宜。

第一轮，全面系统复习。要按照复习纲要规定的范围和要求，在教师的具体指导下对基础知识进行辨别分类以分清主次。并根据自己平日学习的实际情况，找出掌握知识的薄弱环节，在分清主次、找出薄弱环节的基础上，进行全面而系统的复习。理科复习时，要在温习基本概念、公式、定律的基础上，复习并重做典型习题，文科复习时，要全面温习基础知识和基本理论。正如捕鱼一样，要先把网撒出去，而且网撒得越大捕到鱼的机会也越多。

这一轮复习要突出“全面系统”四个字，不要过早进行深入理解或牢固掌握，而要先统观大局，唤起理解、记忆，为下面两轮复习打好基础。

第二轮，重点深入复习。在老师的具体指导下，按复习纲要分单元逐一剖析思考，并穿插做一些中等难度的半综合练习。在基础知识、基本理论方面，要抓住重

点知识，并找出各部分知识之间的内在联系，从而能比较系统地掌握知识；在基本训练方面，要掌握同类型的综合题，进行重点练习，力求举一反三、触类旁通、发展思维、开拓思路。

这一轮复习不用面面俱到或贪多求全，不要平均用力。要通过加深对重点知识的理解，掌握一般性的知识，就要多练习，但不可陷入“题海战术”，要精选题目，力求一题多解，以少胜多。以物理课“力学”部分为例，要重点抓住牛顿定律，就要通过复习，牢固掌握每个定律所表示的物体受力情况与运动情况，以及物体间作用的相互关系。要把对物体受力情况的分析作为复习和练习的重点，在教师的具体指导下对几种典型情况进行分析讨论，做到理解深刻、认识清楚，并要熟练掌握物体受力情况的分析方法。在三个定律中，又要以第二定律为主线，描述机械运动的普遍规律，深刻理解物体受力不均衡是普遍的，而平衡是相对的；物体受力不平衡就要改变运动状态，获得加速度，这就是牛顿第二定律。

总复习的第二轮是关键阶段，一定要着力掌握。还应注意既不要变成第一轮复习的机械重复，也不要与第一轮复习脱节，而突然将内容和难度提高太多。既要与第一轮复习衔接，又要适当深入提高，这就是第二轮复习的重点所在。

第三轮，综合复习、练习。在基本理论方面，要对照复习纲要，按课本顺序把该学科的知识连接起来，做到全面、系统、深刻地掌握知识体系；在练习运用知识方面，要系统地整理过去做过的练习，力求找出解题规律和各种类型练习之间的联系。如物理课中力学、热学、电学、光学之间的联系，数学课中代数、几何、三角之间的联系，在此基础上通过典型的综合练习来提高灵活运用综合知识、分析问题和解决问题的能力，力求达到熟能生巧的境界。然后再在学校老师的指导下做一些考试模拟练习，或参加模拟考试，为应考做好各方面的准备。

三轮复习各有侧重，但也密切相关，层层深入提高。先撒大网，复习知识由边到角点滴不漏，结成知识体系网，连点成线，结线成网，由浅入深，由易到难，一步步地把知识掌握好。

三轮法只是总复习的一般方法，有些学科如语文、外语等，特别是作文练习，就不一定要复习三轮。要因科制宜、因人制宜，灵活掌握以讲求实效。

唐朝大诗人杜甫，年轻时曾写过一首《望岳》，最后两句是“会当凌绝顶，一览众山小”，意思是说，当你登临泰山绝顶之后，周围的群山就会拜倒在你脚下，而变得矮小。经过三轮复习之后，书就会由厚变薄，知识就会由少变多。一提到某一方面的知识，就会立即想到它是属于哪一体系，如何组织回答；一遇到某一问题，就知道属于哪一范围，该运用什么知识、通过什么途径来解答。这样难题就很容易解决，从而有众山变小的感觉。

此外，复习必须既突出重点、难点，又要面面俱到。有的同学怕下功夫，总想少复习一点儿，自己认为不重要的就不复习，而这种主观臆断往往和考试内容不相吻合。我们常常会听到有的同学在考试后说：“我读的都没考，考的都是我没读到的。”这种押一漏万的复习方法，自然不会取得好成绩。即使有的同学偶尔押对题得了几分，也只是一时的侥幸。凭小聪明应付考试，抱着投机取巧的想法参加考试，只是自欺欺人，将贻害无穷。

有效地进行复习

为了提高复习效率，应该注意以下五点：

第一，复习要以课本为依据，以教学大纲为准绳，不要脱离课本去看参考书。因为招生考试只能根据全国统一的课本和教学大纲命题，而不会以哪一本参考书为依据。要真正学好基础知识和技能，发展智力，提高分析解决问题的能力，学习贵在“精”，而不在“多”。学好课本里的东西，再读一套参考书就已经足够了，要避免贪多。但无论如何要想复习有成效，首先必须学好课本，所谓“万丈高楼平地起”，这一点千万不能忽视，务必扎扎实实打好基础，不漏掉一个知识点。

按照下面的要求来学习，就会感到课本很有看头。一是“准”，对每一个知识点都要弄准确，不可似懂非懂、模棱两可。因此看书时不能走马观花，要逐字逐句去钻研，务必达到透彻理解为止。二是“熟”，对学过的内容都要记牢并且练熟，应用起来得心应手，光看不练是不行的，认真做好每一道习题，是学习方法的重要组成部分——但这一道理却很少有人领悟。有些题目看的时候觉得自己一定会，但实际上不一定能做出来。另外练习做题时一定要规范化，写出的文字说明、方程式、公式以及重要演算步骤，都要符合正式考试的要求。三是“灵”，要学会灵活运用知识，不要死记硬背，生吞活剥。要熟悉定理、公式、法则的各种变形和应用，反复思考它的实质以及和其他知识的联系，要练习“一题多解”，这样就会越学越灵活。

第二，上复习课时认真听讲，是进行有效复习的重点。认真听复习课要做到下面几点：一是查缺补漏，对过去学习中不懂或一知半解的内容，要利用复习课把它彻底弄通，不要再有“欠账”。二是把知识穿成“串”，即使原来已经学明白的，也要通过复习把知识整合起来，形成一个整体，这样既便于记忆，又便于应用。三是通过复习理清知识前后的纵向联系，以及和其他学科的横向联系，掌握其中的规律，产生新的认识。

第三，上课前先预习，写作业前先复习。正确的做法是：听课前应认真预习，把每个知识点都彻底搞懂。另外要检验自己究竟懂了多少，再动手做作业，如碰到不会的问题，就要再复习相关知识，直到弄懂为止。另外，作业一定要独立完成，要相信自己的能力，不要总想和别人对答案，或遇到稍微困难一点儿的问题就想问别人。实在不会再请教

同学，但也要在弄懂之后，再自己动手做一次，不要养成变相抄袭的习惯。作业在批改或对答案时发现有错，也不要急于问别人，应该自己再检查一下，看是什么原因，找到原因后再改正过来。能真正做到这一点，你会取得很大的进步。

第四，要经常温习以往的知识。为了减少遗忘，就需要经常复习。“学而时习之”“温故而知新”，这是古人早已总结出的学习规律，在总复习过程中也应该这样。例如：外语有空就要从头读一遍，记记单词，看看语法。数理化要经常翻翻前面的公式、定理、法则等，直到真正熟练为止。

第五，提高自学能力，养成良好的习惯。不经过自己的努力，不下一番苦功夫，就想要弄懂全部教材是不可能的。复习中虽是以教师为主导，但还是要以学生为主体，靠自己努力才能真正学得扎实。学习有法，但学无定法，要通过复习摸索出一套适合自己的学习方法来。要特别注意克服不求甚解，读书浮光掠影，作业马马虎虎的不良学风。

总之，学习是一种艰辛的脑力活动，决心和信心比什么都重要。只要确实按上面的要求去做，知难而进，就会使复习更有成效。

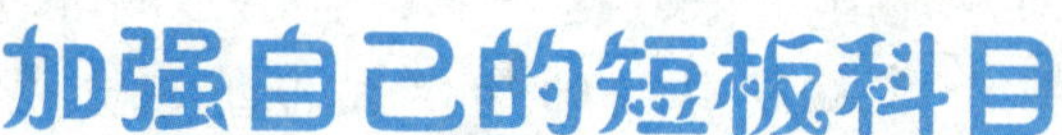

加强自己的短板科目

我们周围有些人常会说："还是多花工夫来学习拿手的科目，以争取高分吧！在不拿手的科目中浪费时间实在是一种损失。"这种说法对吗？

一般说来，发展本人的长处的确是好的。但对于一般学生，尤其对于中学生来说，这种放弃不擅长科目的做法是偏颇的。而只有首先思考不擅长的原因，设法征服不拿手的科目，才是解决问题的根本办法。

首先分析自己为什么对某些科目不擅长，并且要知道是什么原因造成的。别的科目既然能获得好的成绩，看来并非是因为缺乏学习能力，所以对不擅长的科目，应该也可以经过努力取得更好的成绩。"我没有能力所以不行"，这样轻易放弃是错误的。

要征服不擅长的科目，其实也并无多少捷径可走，还是要从基础开始。因为对一般人而言，不擅长的科目大多是由于基

础不牢固所致。所以对所学的内容有不了解之处时，就要从基础重新学起，直到完全弄懂为止。尤其是数学或英语等科目，更应循序渐进，利用暑假或寒假较完整的时间，认真学习，效果将会更为显著。

有些人可能会认为学习过去学过的东西好像是愚蠢的行为，或怕被别人取笑，同时因花时间学以前的东西而担心自己跟不上现在的进度。这种想法是可以理解的，但要注意的是，要想征服不擅长的科目就不能顾忌太多，得从实际情况出发，按自己的步伐进行才行。当然如果怕跟不上现在正在进行的学习，可以与现在的课程预习、复习并行去做，来个举一反三，效果也是不错的。

为了征服不擅长的科目，就不要对该科目抱有自卑、恐惧的心理。有的同学可能因为某一科学习成绩不好而被教师批评，或测验现在所学习内容时成绩比其他同学差，屡次遭受这种不愉快的经历，就可能会渐渐失掉自信而有自己已经“不行”的自卑感。自卑感有二重性，它虽是努力的原动力，但自卑感太强的话，不但该科无法好好学习，别的科目也会受其影响而使成绩降低。因此要征服不擅长的科目，必须先克服这种心理才行，否则就难以达到目的。

有过旅游经验的人都知道，同样的山脉会由于所看的角度不同，而给人不同的印象。学习也是一样，例如某个人对英语或数学不拿手，有可能是由于对老师反感而引起的，也有可能是认为自己没有才能，而过于妄自菲薄的缘故。所以只要冷静地想一想，你就会发现或许讨厌某一学科真的只是为了一点儿小事。

当然，不同学科的问题也不尽相同，像体育或音乐等含有技能的学科，就有可能是由于病弱、运动神经迟钝、音痴等原因而造成的。碰到这种情况无论怎样努力也难以获得进步。但是条条大路通罗马，你也可以在另一方面下一番功夫，即在知识理解方面加以努力，以补救自己的缺陷。

有一位教育学家认为，碰到这种情况亦可用“贴膏药”式的学习方法。在学习中遇到不懂的问题，可以与相关知识一起学习，缺什么就补什么，这样持续学习，到时候所有相关的知识都能联系起来。

在平时对于不擅长的科目，学生们大都会拘泥于测验的问题，他们会想“这样的问题也不会”，而在还未考试、只是学习阶段时就已产生了挫折感。所以千万不要受测验影响，要把握整体内容和基础知识的学习。

还有一种情况是，同学们往往会对讨厌的科目更加敬而远之。若你平日对不擅长的学科不感兴趣，而根本不去预习，只喜欢预习那些拿手的科目，那就要试着反过来做做看。把那些你喜欢的科目暂时放下，集中精力在不擅长的科目上。哪怕只是翻翻教科书也好，当然若能把不会的地方画上记号再找人指导更好。通过这些努力，学习成绩会逐渐提高。

对那些不擅长的学科，不要将成绩的好坏看得太重，只要能认识自己的问题并做好准备，学习就会取得出人意料的进步。知道自己容易出错或容易被困扰的地方，吸取失败的教训，对学习成绩的提高是有利的。

考前复习的“七忌”与“六要”

考试前的复习要注意七忌。

一忌：复习无计划。中学阶段考试的科目多，知识范围广，因此复习时应有一定的计划。可是有不少同学复习时却没有计划，盲目而随意地东翻西看，所以常常复习不到“重点”，以至于考试时答不上题而后悔莫及。

二忌：临阵磨枪。复习功课贵在坚持、及时、经常，宜早不宜迟，更不宜“临时抱佛脚”。尤其是考试前的总复习，时间紧而任务重，如果不注意及时复习，总认为“来日方长”“车到山前必有路”，那就为时已晚了。

三忌：平均使用力量。复习应当抓住各门功课的重点、难点、特点和疑点，集中力量打“攻坚战”，解决“拦路虎”。可是有些同学在复习中却“胡子眉毛一把抓”，分不清主次，虽然面面俱到但没有抓住重点，遇到疑难问题常常解决不了，学到的知识也比较凌乱，缺乏系统连贯。

四忌：贪多求快。复习功课一定要在“质”“量”并重的前提下循序渐进，可是有的同学却一味求多图快，“一口想吃个胖子”，这样只会“欲速则不达”。

五忌：题海战术。复习功课免不了要做题，而且做的题可能比平时要多一些，这当然无可厚非。但有些同学却做过了头，整天埋头解题，成了“题海无边”。两眼一睁就一直忙到熄灯，复习试题、仿真试题、综合试题，做得人眼花缭乱。

六忌：滥用参考书。有不少同学由于没有真正弄清楚教科书与参考书的关系，结果导致喧宾夺主、本末倒置。随着出版事业的发展和人们对科学文化知识的重视，各种复习资料铺天盖地，但大多重复编写，而且良莠不齐。因此在购买时应精挑细选，每门课最多选择一两本质量高、真正具有参考价值的即可，切不可滥用，否则不但浪费钱财、耗费精力，而且对学习有害无益。

七忌：劳逸失度。有些同学考前复习时废寝忘食，半夜睡、五更起，虽然精神可嘉但做法实在愚蠢。面临考试时任务繁重，更应该劳逸结合，保持适当的娱乐、休息和睡眠。

考前复习要做到“六要”。

一要：计划性。复习时制订出计划，确定什么时间复习什么内容，采用什么方法，要达到什么目的和要求，都应做到心中有数。这样才能增强复习的自觉性，减少盲目性和随意性。

二要：及时性。德国心理学家艾宾浩斯提出了遗忘的规律是“先快后慢”，也就是说，刚学过的东西在最初几个小时遗忘的速度很快，两天后就变得缓慢了。根据这一遗忘规律，复习时一定要及时、经常，要趁热打铁。

三要：针对性。复习要针对本人和教材的实际情况来进行。针对本人情况而采用自己得心应手的方式和方法；针对教材的内容，彰显重点并突破难点，消除疑点并掌握特点。

四要：系统性。复习时应把教材知识系统化，编制成“知识树”，或者在老师的指导下编拟复习提纲，按提纲进行系统复习。

五要：趣味性。复习如同练习一样，都应避免机械重复。采取有趣的方法刺激求知欲，使自己乐学不倦。

六要：多样性。打仗时为了歼灭敌人，必须集中优势兵力，把步兵、炮兵、侦察兵、航空兵等全部动员起来，对准一个目标，稳、准、狠地进行攻击，才能获得胜利。在应考时就要运用自己的眼、耳、口、脑、手等器官，在大脑皮层中建立多方位的信息联系。复习方式多样化，复习的效果就会大大增强。

对考试题目的预测

把握出题规律也是一种能力。猜题、押题，有人反对，有人赞成，当然心存侥幸，根据所猜题目或范围进行突击，估计要考的就背，不考的就不学，这种赌博押宝式的应考术当然是要不得的；但是分析考试动向和战情，摸索出题规律，在全面复习的基础上彰显重点，这就是科学的应考方法，也是应该具备的一种能力。

其实有时我们不得不充分应用这种能力。一些重大的考试，像升学考试等，对学生的前途会有很重大的影响，在这些考试中获取优异的成绩无疑是非常重要的。但这类考试通常内容极广，复习难度很高，许多同学都害怕会在考场失利。但如果能根据考试的出题方向，有针对性地预测考题，不仅可以减轻复习的负担，而且可能取得更好的成绩，何乐而不为呢？况且现在的考题日趋客观化、标准化，这也为广大师生预测考题提供了更大的可能性。这种标准化考题的一般考查要点变化不大，有其相对固定的结构，只要了解其结构，预测考题是完全可能的。

大小考试一般可以分为两种：一种是一般的校内期考，这些考试基本上是由任课老师出题。还有一类是诸如升学考试等重大的考试，考题一般由考试机构统一出题。这两种考试预测考题的方法是不同的。

由任课老师出题的学期考试比较容易预测。一来老师是大家都熟悉的，他讲课的重点大家都应该很清楚，而且讲课内容都有笔记可查；二来考试的内容单一，最多也就是一学期所学的内容，哪些是重点老师都已经强调过很多次了。在这类考试之前，当老师上复习课时，你不妨就重点内容提出问题，或者想想这些内容要变成问题的话，应该会出哪些题目。这种提问能力是需要经过一定训练的，许多同学只提出他们有自信能回答的简单问题，可是考试不但会有简单的问题，更多的是需要你花工夫才能完成的考题，所以要对自己诚实，对自己负责，要敢于提出较难的问题，并做出解答。此外，要多留心老师在讲课和复习时曾多次强调的重点内容，用心的学生有时能猜测出考试内容的85％左右。

至于重大的考试，则要力求了解命题信息，并以此制定对策。命题信息有两个方面，一是题目本身，但这是严格保密的；另一个则是命题的原则和方向，这通常是广而告之的，以便指导学生备考，细心的考生不难从中分析出考试的动向，这对自己的复习将会很有帮助。根据有关的考试信息，我们从中可以得到以下几点启示：

——全面熟悉所考范围的大纲和教材内容，同时要抓住重点，不可只练难题，更不必去钻偏题、怪题。

——扎扎实实地掌握基础知识和基本技能，灵活地运用基本概念和基本规则。

——适应各种题型。

——在训练智力、提高能力上下功夫。

另外，你还应该掌握重大考试的命题规律，认真分析研读此项考试的考题，这会对你有很大的帮助。

熟悉各种题型，也是参加重大考试的一个重要“武器”。题型就是题目的形式，练习过的题型太少也是许多学生考试失败的原因之一。常见的题型有再生式、再认式和混合式等。再生式题型包括：

——填空题，用以考查掌握关键词汇、关键问题的能力；

——问答题，考查综合解答问题和灵活运用知识的能力；

——名词解释题，考查对基本概念的掌握情况和文字表达能力；

——计算题，考查计算能力和对程序的熟练程度；

——证明题，考查逻辑推理和判断论证能力。再认式题型包括：

——选择题，考查理解和辨别能力；

——改错题，考查找出错误、填写正确内容的能力；

——是非题，考查判断是非真伪的能力；

——组合题和配合题，考查组合、配对与排列的能力。混合式题型则包括：全面考查分析解决问题能力的综合题，此外还有作图题和实验题，不仅考查知识掌握程度，还考查读图绘图能力和空间想象能力，而实验题则要考查学生对实验过程及原理的了解程度。

考题还可以根据主观性和客观性分为两类：主观性题目亦称自由回答型题目，没有固定的答题方式，难以客观评分，但有利于考查学生组织内容和逻辑思维的能力；客观性题目也称为固定回答型题目，应答方式固定，作答简便省时，也能客观计分，便于在大规模的考试中实施。上述题型都是你在考前应掌握的内容。

复习时应该注意的问题

在复习的时候，还要注意以下几个问题：

第一，进行系统复习要围绕一个中心课题来进行。

有的学生在复习时，因为缺乏明确的中心，像看小说似的按章节阅读，但章节的排列顺序是根据学生初次学习的接受能力而定，已经学完一遍进行复习时，就不应该再走老路了，应当改成围绕主题进行复习。因为按章节复习最多只能更熟悉单章内容，不利于知识的系统化。因此在进行有系统的复习时，应当翻翻书本的目录，把相关主题的章节加以归类，再围绕主题研读有关章节，这样学习效果会好得多。

例如，学完了物理中的“温度与热”后，就可以“热学”为中心，对之前章节进行热学专题总复习。又例如，学完了高中全部有关力学的课程后，就可以“力学”为课题，将初中、高中所有与力学有关的知识，进行一次全面的主题复习。平时对学过的各个主题都进行这种系统化复习的话，就等于是为最后的总复习打下了扎实的基础。

这种主题复习所涉及的知识往往是好几本书中的内容，有时甚至还要纵跨初中、高中所学的知识，绝对不是一个轻松的课题。不过这种复习能联系新旧知识，并且将原本散杂的知识系统化。

当然，在选择系统复习的主题时，应首先选择与目前学习的新课程关系最密切的主题，这样不仅可以完成系统复习的任务，还有助于新课程的学习。

第二，平时就要学好。

从全面系统复习的角度来看，平时学习到的点点滴滴的概念和原理正是为系统复习所准备的“材料”，而系统复习正是用这些“材料”来组建“知识大楼”。如果平时没有把“建筑材料”准备好，那么“知识大楼”在系统复习时就建立不起来。所以，平时的学习是做好系统复习的重要基础，而系统复习会巩固平时学习，二者不可分割。在这一点上，必须循序渐进，不能投机取巧。

有的学生计划要进行一次系统复习，可是进展却极为缓慢。分析一下原因发现，主要就是耽误在对概念和原理的领会不够上。从表面上来看，此时是在进行系统复习，实质上却是在进行基础的补强工作，难怪会进展缓慢。所以平时一定要学好，不要将平时就应该充分理解的概念和原理放到系统复习时来进行。因为系统复习的主要任务是掌握各种概念、原理之间的区别和联系，或者进行知识的系统化，不是从头再学这些概念和原理。

第三，要有集中的时间和安静的环境。

进行系统复习时，要加工整理相当多的知识；要读，要想，要写，要查资料，要制订复习计划等，这需要比较长时间的脑力劳动。因此特别需要比较集中的时间和不受干扰的环境，以确保系统复习能顺利进行。

好的学习环境是要努力去寻找、创造的，不要安于不好的学习环境，要把自己放在一个能促使自己专心于系统复习的环境之中。有的学生家里条件并不差，但仍然坚持到学校读书，问他们为什么舍近求远，他们说在家里是一个人读书，往往管不住自己，一会儿想吃东西，一会儿又想躺下休息，学习效率很低；相反，在学校里读书，虽然物质条件差了点儿，可是有学习的气氛，比在家里读书的效率高多了。一个学生如果知道学习环境不好，知道自己缺乏自制力，就该当机立断迅速离开这种不良的环境，因为在此时一旦犹豫，就意味着会失败。

刚才说了，系统复习需要用比较长的学习时间才能完成，可是平时如果没有那么多的集中时间怎么办呢？在确定专题之后，可以采用“分散时间集中使用法”来解决。例如，为了复习物理中的“温度与热”，不妨把一个星期内的零碎时间全部用来复习这一章。时间虽然是分散的，但学习的内容是一致的，这样比较容易集中注意力，获得良好的学习效果。

第四，做好系统复习前的准备工作。

要复习的主题确定之后，就要利用平时零星的时间，把与这个主题有关的教科书、笔记、作业、试卷、参考书等一一找出来，准备好。不妨把这些全集中到一个资料夹中，在复习时很快就可以拿出来使用，可以迅速地进入复习状态。

例如，有的学生计划星期日抽出半天时间复习力学专题，可是到了星期日为了找初中第一册物理书就耗费了很多时间，至于找作业、试卷、笔记，那就更花费时间了，结果为了找这些学习材料不仅浪费了很多时间，而且搞得心烦意乱，破坏了学习的情绪，直接影响了系统复习的效果。如果在星期日之前，利用每

天放学后的零星时间，耐心找出这些材料，为星期日的系统复习做好准备，就不会发生上述现象。

第五，要善于自己发现问题，深入钻研。

不少学生都会进行系统复习，但效果好坏差异很大。这主要取决于系统复习时能否善于发现问题和深入钻研。如果仅仅翻一翻书，背一背定义、定理和公式，然后做点儿练习题目，这样是远远不够的，只是走马观花，收不到理想的效果。在系统复习的过程中还要多动脑筋，不断发现问题并深入钻研。

读书时要先回忆一下，看看自己对基本概念、原理掌握的情形如何，哪儿还掌握得不好，原因是什么。查看作业、试卷时，要分析一下出错的原因是什么，有时间的话先不要看答案，把每道题的解法在头脑中先想一遍，再去看现成的答案。对于容易混淆的概念要自己比较一下，找出异同。对各原理的推演过程要认真思考一遍，理清此原理的适用范围，还要想一想如果条件发生变化，这些原理还能不能成立，会发生什么变化……总之，这样复习才能从新的角度，从整体和全局上对基本概念、原理有更深刻的理解。

若不抓住问题进行深入钻研，难免在系统复习后还是“一看就懂，一放就忘，一做就错”。

如果在充分思考之后，问题仍然解决不了，就应当向老师请教或跟同学讨论，实时解除疑问。完成系统复习后，也可以把自己的复习成果和同学进行交流，以取长补短，博采众长，使自己的学习达到更高的水准。

第二章 考场作文

——各类作文得高分的技巧

在考场上由于有时间限制，作文必须在短时间内写得又快又好。所以为了在考试写作文的时候能够驾轻就熟，一气呵成，学生应该掌握一些考场作文的应试技巧。

考场作文四步骤

第一步：仔细审题

审题是写作的第一步，而且是文章成败关键性的一步。审题的具体任务，就是正确把握命题人的意图，全面而准确地理解题目要求，弄清写作内容、范围和重点，明确立意，并确定文体。

首先，每一个作文题，都有一定的表达形式，是一个完整的句子、一个短语，或是一个词，它们都有一定的语法关系可以寻找。所以审题时要分析题目的语法关系。

（1）主谓式文题

用完整的句子作为文题，它们往往都是主谓关系。这类题目就是文章所要阐述的中心论点，或是要表达的中心思想。其主语往往就是阐述的对象，谓语则是要阐述的观点，或是文章的中心内容，有时又是决定文章内容的题眼，而其他的定语、状语等成分就是题目规定的取材范围。例如《我跟妈妈学做饭》，题目中的“学”就是重点，文章应把“我”从不会到会这个“学”的具体过程写详细。主语“我”是限定题材的指示词，有了这个主语“我”的限定，文章就不能写其他人了。“跟妈妈”这一状语，限定了“学”的对象。

但大多数文题，都不是完整的句子，面对这些题目，我们应该抓住中心词语，先给以补充，再进一步审清题意。例如《我的理想》，这是主谓结构省略式文题，审视这类文题，首先要将它补充成主谓式文题，如《我的理想是当一名科学家》，然后按主谓式文题再进行审题。

（2）偏正式文题

审这类文题，必须把握中心词与修饰语的关系，确定写作的重点。如《石油的自述》这一文题，它的中心词是“自述”，表明写法应是文艺性的叙写；而修饰限制词“石油”一词，则是写作对象，即：石油要通过“自我介绍”的形式，介绍它的形成、特点和功用等。

（3）动宾式文题

动宾式文题要抓住最能体现观点的动词，然后扣住宾语，重点阐述“为什么”这个问题。例如《提倡能者为师》，动词是“提倡”，宾语是“能者为师”，文章的重点就是阐述为什么要提倡能者为师，主要是正面立论，如果再深入一层，还可阐述“怎么办”，即怎样提倡能者为师。这样综合分析，有利于根据题目要求展开论述，突出中心。

其次，在审题时，必须仔细分辨清楚构成题目的词或词组之间的特定关系。譬如，想要高效审视《自由和纪律》这个题目，首先就要辨明“自由”与“纪律”的关系，例如：没有纪律便没有自由，没有自由也无所谓纪律，二者之间是对立统一的关系，然后再根据两者的关系立论，其实这就是文章的论点。当然也可以根据这种关系再灵活变通一下，譬如：人要有自由，但自由要受纪律的约束。或者换一个角度立论，但万变不离其宗，不管从哪一角度立论，都离不开二者之间的辩证统一关系。运用这种方法，可以防止审题时理解上的偏差，准确把握题目的含义所在，深入挖掘题目的内在意义与问题的实质。

题目中词与词或词组与词组的内在关系，大致有如下几种：

（1）因果关系

如《玩物丧志》这一文题，“玩物丧志”这一成语的含义是醉心于某一事物的玩赏，或者迷恋于某一有害无利的事情上而把积极进取的志向丧失了。因为“玩物”能够“丧志”，所以我们不能迷恋某些有害无益的事物，应该抛弃对某些事物的醉心玩赏，把精力集中到工作学习上来，这样就能理解这一成语的内在含义，文章的中心论点就可以确立了。

（2）条件关系

如《行远自迩》，其中的“行远自迩”，是一种隐含条件的比喻用法，它的寓意是：做任何事情必须由浅入深，一步一步，扎扎实实地前进。因此文章的重点在于论述要从最近的一步走起的重要性。在阐述这一类题目时，要防止绝对化、片面性，因为条件是相对的，也是可以变化发展的，如果不用辩证的观点来看问题，阐述题目，就会导致思想内容的错误。

（3）选择关系

选择关系的文题，都要说清楚选择的理由。例如《与其临渊羡鱼，不如退而结网》这一选择关系的文题，必须说明不能光有“临渊羡鱼”的空想，而必须“退而结网”，采取实干态度的理由。

（4）递进关系

《压力与动力》一题，“压力”与“动力”这两个概念之间存在的是递进关系。例如《昨天，今天，明天》一题，三个概念就是递进关系：回顾“昨天”，让“今天”该做的事更明确，而“今天”的努力是为了创造美好的“明天”。

（5）对立关系

如《失败与成功》《自由与纪律》，这两个题目中的概念是对立的矛盾关系，但在一定条件下，它们又是对立统一的，阐述这类题目应该强调其统一性。

（6）对比关系

如《自谦与自卑》，这是由一对感情色彩不同的概念组成的题目。“自谦”是一种美德，是我们不断进步的重要条件。如果认为自己什么都不行，什么都不如别人，这就是“自卑”，使人萎靡不振不求上进，这是一个贬义词。写作时要根据立意，有所侧重，一般是重在分析“自卑”的危害，使人振奋精神、奋发向上。

（7）依存关系

如《专与博》《学与思》，这些题目概念与概念之间是相互依存的关系。“博”是“专”的基础，没有广博的知识，难以做到有建树的“专”。孔子说：“学而不思则罔，思而不学则殆。”这两句话就阐明了“学”与“思”之间的依存关系。

另外，要仔细体会题目的表意重点。清代文论家刘熙载在《艺概》中说：“题有题眼，文有文眼。题眼或在题中实字，或在题中虚字，或在无字处。”

这里所谓的“实字”“虚字”或“无字”处，即所谓的“题眼”。它是揭示题目写作重点、表现题目感情色彩的所在，即今人所谓的关键词语。其中的“无字”处，并非是真正的无字，古人说“此时无字胜有字”，为什么这样说呢？因为这“无字”处，不仅揭示审题要注意使用联想开发题目的“言外之意”，找出命题人的“潜意识”，而且，它之所以成为“题眼”，还在于它不只“启发提示”，还揭示题目的主旨和文章的表意重点。因此，题目到手时千万不可大意，必须仔细体味，尽快捕捉住题眼。

题眼在主谓式文题中，往往是谓语动词。如《我的家乡变了》要写的内容当然是“家乡”的“样子”，但这是指

示题材内容的，而“题眼”则是谓语中心词“变”，如果只是描绘家乡的美景，那是不合题意的。所以我们必须突出“变”这个题眼，或再写出“变”的原因、“变”的速度、“变”的过程，从中挖掘出题旨更深层的意义。

最后，要挖掘题目的言外之意。有些作文的题目或材料很含蓄，所以不能就事论事，必须深挖内涵，正确揭示寓意。如《知识是实现理想的翅膀》一题，以鸟儿飞行要靠翅膀来比喻知识对于实现理想的重要性，应着重阐述知识在实现理想方面的重大作用，强调青年要掌握知识实现自己的理想，如果阐述翅膀的作用，那就文不对题了。

如《梅花欢喜满天雪》一题，就不能一味地赞美梅花的不畏严寒，而是要由梅花傲立于雪中产生的联想，以它的形象来象征人们不畏强权、威武不屈的高风亮节，也可以象征不畏艰难、不为困难所吓倒的坚强不屈的性格。从它的象征意义来审题，立意才会高远、新颖。

第二步：快速构思

在审完题后，要立即开始立意谋篇，即立意、选材，合理安排结构，这就是构思的过程。一般来说，构思有以下几种方法：

（1）按事情发展的时空顺序构思

按事情发展的时空顺序进行构思主要用于写记叙文，在特定情况下也可以用于写议论文。这种方法包括两种结构方式，一种是以时间的推移为顺序来构思文章，也就是按照事件发生发展的自然顺序来写，以所写事件发生、发展的先后时间为准，发生在前面的就写在前面，发生在后面的就写在后面。这种构思方法费时很少，而文章的层次又显得很清楚。另一种是以空间的转移为顺序来构思文章，所谓空间的转移，就是指地点的转移，也就是作者立足点或观察点的变换。地点和立足点转移了，所写的人物、事件或景物也就跟着变化了，这种构思不但省时高效，文章的结构也显得清晰，使人一目了然。当然在很多情况下，事物发生发展的时间和空间顺序是一致的，按照主题的时间和空间顺序思考，形成框架，能够快速在头脑中形成清晰的脉络，把全篇的布局安排好。

（2）按一种事物的不同类型构思

任何事物都具有可分割性，任何一台庞大复杂的机器都可以分解成几个部分，就像一个完整的人：从解剖学的角度来看，可以分解为头、颈、躯干和四肢四大部分。文章也是一样，大块的文章总是由几个部分组成的，对事物分类叙述，对道理分条陈述，或从事物的不同侧面、不同部位加以描述，对突出文章中心有很好的作用。这种方法对构思文章非常有用，譬如写一篇记人的文章，可以把这个人的优秀品德和事迹分解成几个部分，然后再分条叙写。

使用这种方法构思要注意的问题是：一是对描写的事物进行分类时，必须从同一个观察点出发，使用同一个标准去分类，不能使分成的各种类别互相交叉或互相包含；二是要分条论述，条与条也就是段与段之间要有内在联系，就是说分类要在同一平面进行，也正因为是在同一个平面进行分类，思维层次单一，构思才会快速。

（3）突破常规的思维方式

突破常规即是“求异”，就是关注现象之间的差异，暴露已知与未知之间的矛盾，揭示现象与本质之间差别的一种构思方法，也就是多方向、多角度、多起点、多原则、多结果地思考问题，并在多种思维的比较中，选择富有创造性、能最有效地表达主题思想的思路。

（4）以情感为主线构思

这种构思是一种以情感为辐射的端点和射线，而形成的立体网状文章思维结构的构思。说得通俗些，也就是作者对事、物、景产生了强烈的感情，从而让自己的感情纵横激荡，形成汹涌澎湃的感情潮，或一浪高似一浪地向纵深推进，或浪花四溢，向不同的方向激荡。这种构思可以使读者受到强烈的感情渲染，适合抒情性的记叙文命题。

（5）把握事物的因果顺序

准确把握事物的因果顺序，可以先说原因，再推结果；可以先说结果，再释原因；也可以由因推果，或者由果溯因，再由因推果。此法在说明文写作中运用较多，例如《眼睛与仿生学》先说明人眼和各种动物眼睛的构造特点，再说明各种眼睛的视觉原理，让科学家得以研发出许多先进的机械设备，它是先说结果再说原因。《死海不死》说明了死海的奇异现象，进而阐述了死海形成的原因，从而使读者科学地认识到死海的特征和成因，它采用了先由果溯因，再由因推果的形式。

第三步：快速成文

构思后，要立即简要地拟一个纲要，然后根据纲要逐步展开成文，这样既可以加快表达速度，也可以使文章层次清楚、条理明晰。

有了写作大纲，行文过程中就有了指路明灯，这是十分重要的。那种随想随写、随写随想、“脚踩西瓜皮，滑到哪里是哪里”的写法，很容易造成文章条理不清，或遗漏某些重要内容，或出现多余部分，或详略不当等，给人层次不清的感觉。编拟大纲可以使自己原来模糊的、断断续续的思路清晰化、条理化，形成一张施工的“蓝图”。这张“蓝图”的描绘也只是几行文字而已，花不了多少时间。

那么，怎样编拟大纲呢？

从大纲的构成因素看，对快速成文有指导作用的大纲，应该包括以下几个因素：确定好文章的中心，确定好文章的材料，明确地组织安排好材料，明确写作的主要方法，同时初步确定每个部分的大致篇幅。

拟好大纲，可以为成文创造良好的条件。作者只要根据大纲逐步展开，就可以写出一篇层次清、条理明的好文章。

另外，要注意把握文章的“始、中、终”。一般来说，文章是由三个阶段“始、中、终”紧密联结成的一个有机整体。比如：记叙性的文章一般分为开端、发展和高潮、结局三大阶段；议论性的文章有提出问题、分析问题、解决问题三大部分；说明性文章则有特征、本质、规律三大层次；应用性文章有前言、主体、结尾三大方面。如果能够把握住文章中三个写作阶段各自特征和要求，明确写作的任务，就可以轻松快速成文。

起始阶段位于文章的开头部分，作为记叙性文章就是矛盾产生的部分；作为议论性的文章就是提出问题的部分；作为说明或应用性文章就是前言和引出下文的部分。它的主要任务是确立文章的表达方向，奠定文章的表达基调。

主体阶段是文章的中心部分，写作者要竭尽全力写好。主体阶段有承接的功能，它要与起始阶段保持一致，不能另立方向自行其道，更要与起始阶段自然衔接。另外，要充分展开来写主体阶段，使文章内容充实，言之有物。

结尾阶段就是矛盾和问题的解决阶段，要水到渠成，很自然地总结论点或得到一个结论。

最后一步：快速修改。

修改是考试写作整个过程的最后一关。古人写文章，把构思比作熔金，把结篇比作铸器，把修改比作攻玉，由此可见修改是文章写作过程中一个很重要的步骤。

考试作文属于一种严格的限时作文，在有限的作文时间内，修改检查不能超过五分钟，时间非常有限。由于成文快速，难免有疏漏之处，或者是中心思想不够鲜明，或者是问题论证得不够全面，或者是意思表达得不够准确，这些都需要检查修改。一般来说，要注意以下几点：

(1) 主题、开头与结尾的检查

主题是贯穿文章的中心思想，是文章显示出来的整体思想意义。一篇文章质量的高低、价值的大小、作用的强弱，其衡量的关键主要就是看主题如何，看它正确不正确，深刻不深刻。而其他因素，如结构、语言、情节、材料等，都是以主题为灵魂的，都受到主题的制约。在考试中，由于作者要受到时间的限制，往往容易出现主题不够突出、论点不够

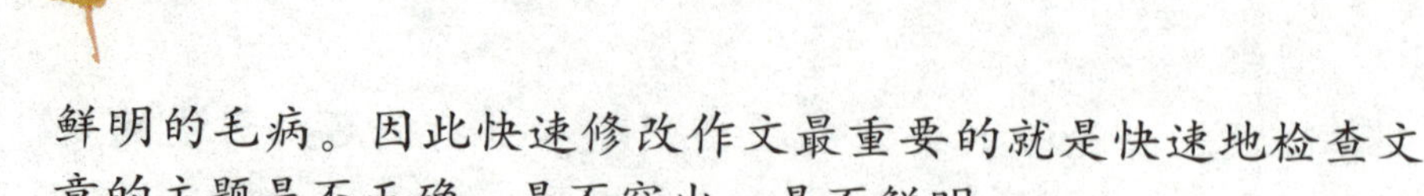

鲜明的毛病。因此快速修改作文最重要的就是快速地检查文章的主题是否正确、是否突出、是否鲜明。

怎样快速地检查主题是否正确、突出和鲜明呢？我们知道，既然是考试，就不可能像平时写作那样深入细致地反复检查。所谓快速修改，就要一下子检查出文章的“灵魂”是否有毛病。检查文章“灵魂”是否有毛病的方法就是审视文章的“三点”，我们这里讲的“三点”是指文章的开头、主体和结尾三个部分。

所谓审视就是在三个部分中，快速地搜索表达主题的材料，确定它是否能有效而正确地表现文章的主题。议论文，尤其是论点型的议论文，要着重检查开头和结尾，看它是否鲜明、正确地提出了作者的观点，如果没有提出就要马上加上去。如果提得不鲜明、不突出，就要加上必要的修饰或限制性词语，使自己的论点突出。记叙文要重点检查中间一段，看它的材料是否能表现文章的主题，如果脱离了主题则干脆删去；如果材料表现主题不力，就需要补充强化。

文章的开头应该鲜明地提出全文的论点，经过中间部分的论证，结尾还要照应开头，重申论点，以强化主题。

（2）文句表达的修改

语言文字是文章思想内容的外衣，文章的思想内容是通过语言文字来表达的，因此对语言文字的推敲润色是为了更生动、更准确、更形象地表达中心思想。所以说对语言文字的检查修改和润色是写好文章的重要一环。

检查和修改文句的具体做法是：不仔细推敲语法、修辞、逻辑等方面的毛病，只凭语感检查。文章写完以后先快速读一遍，如果念起来顺口，听起来顺耳，这说明文句是通顺的，不需要修改。如果发现什么地方念起来拗口，听起来不顺耳，那就要停下来修改一下。修改的办法是或增，或删，或调，根据具体情况决定。在增、删、调时亦不要考虑太多语法修辞和逻辑方面的问题，只以语感为标准，好念好听就可以了。因为一般说来，语感好的文章，在语法、修辞和逻辑方面都不会有什么大问题，所以语感检查是一种行之有效的快速修改方法，在考试作文的修改中会常常用到这种方法。

（3）偏题、跑题的补救

考试时若审错题的确是个严重的错误，一旦发现了审题错误怎么办？首先不要心慌，有些学生遇到这种情况，立刻乱了方寸，心中着急，思维紊乱，这就犯了大忌。要知道在考试时能够发现自己的作文偏题或跑题，相对来说是件好事，应该冷静下来抓紧时间补救。补救的办法根据文章的具体情况而定。出现偏题、跑题的情况比较复杂，原因有很多，常见的大致有以下几种：

——忽略题眼或题眼不突出，例如作文题目为《我逐渐了解了他》，有的学生忽略了“逐渐了解”，写成了《记我熟悉的一个人》或《我认识的一个人》，题目似乎相近，但没有突出“逐渐了解”这一复杂的过程。又如《难忘的往事》，有的学生写成了《往事》，忽略了“难忘”这一题眼，如果不改，肯定不能得到好成绩。这时就需要补充材料，加强深度，但在原文中很难加进那么多的文字，这时就可以写在稿纸的空白处，务必注意字迹清晰，并用正规修改文章的符号标出来。

——把“多元题”写成了“单元题”。譬如作文题目《树木　森林　气候》要求学生自拟副标题，从现实生活中选择一个有意义的话题用上述现象来比喻，发表自己的见解。不少同学只谈了两个概念之间的关系，把“气候”丢掉了，只把“树木”和“森林”比喻个人和群体，阐述个人和群体之间的关系，结果就跑题了。

发现了这种情况不必大动干戈、重起炉灶，只要把遗漏的论题补充上去，阐明“树木”“森林”和“气候”的关系就可以了。

议论文考试技巧

不少同学在考试中写议论文时，有了论点但不知如何展开；即使附会成文也只是泛泛而论，缺乏丰富的内容，思路呈现“封闭”状态，显然这类文章是不可能得高分的。要想克服这种“封闭”状态，获得高分，就必须掌握分析的技巧、形象说理的技巧、构思技巧、结构技巧、论证技巧、语言技巧。

一、分析的技巧

写议论文要展开说理，而说理又主要表现在对事物或问题的分析上；不善于分析就必定不善于说理，也必定写不好议论文。因此要学习写议论文就要学会分析，养成分析的习惯。

什么叫分析呢？分析就是把一件事、一个问题分解成比较简单的成分和要素，理出它们之间的本质属性和关系，并加以考察。那要怎样分析呢？就整体上

说就是要从多方面着手。

（1）横向展开

事物与事物之间会有相互并列的横向联系。横向展开就是在分析时围绕中心分解同类事物，找出各事物之间的并列关系。巴甫洛夫深谙此道，在《给青年们的一封信》中，巴甫洛夫运用了三个分论点：一是要循序渐进；二是要虚心；三是要有热情。他把“希望”分解为三点，三点呈并列关系。

从形式上来说，为了使读者能一目了然，可以在几个并列的分论点或论据前面冠上“第一”“第二”……或“首先”“其次”等。

（2）纵向展开

事物与事物之间往往有逐渐推进发展的内在联系。纵向展开即是分析问题时围绕中心，找出各个事物之间的纵向联系，演绎推理，一层比一层深入地进行论证。纵向分析可从三个方面入手。

①按时间顺序纵向展开。在《语文和数学》一文中，苏步青教授现身说法，道出自己对语文的爱好：小时候念《千家诗》；稍大一点儿背唐诗；随后对古文发生兴趣；到了81岁写字仍然是一笔一画工工整整的。苏教授按时间顺序组织论据，说明语文学习对数学研究的极端重要性。

②从范围上逐步扩大。这种分析方法的表现形式为：从一个说到多个，从一个说到一类，从部分说到整体。例如《见大而忘小》一文中的一、二段，就用了这种方法。第一小段举例说明要“见大而忘小”；第二小段则对此进行扩展，指出“这是古往今来许多伟大人物的一项十分重要的思想修养”。很显然，这是从一个说到一类，是范围上的扩大。

③从内容实质上逐步深入。马铁丁的《骄必败》一文的议论部分就是内容逐步深入的典型例证。二、三小段提出骄傲的人以己之长轻人之短的表现及特点；四至六小段写出骄傲的人护己之短、美化缺点的表现及思想方法；第七小段则综合议论，指出骄傲的实质及危害。全文的表现与特点是由

表及里逐步深入。这是第一层次的深入。

再看这两者之间的关系：有点儿优点就把优点竖到天上去，当成光荣的旗杆，这无疑是错误的；有缺点按理说是骄傲不起来，但骄傲者却从片面的想法出发，把缺点当成胜利的旗帜。如此看来，后者是前者的深入，这是第二层次的深入。

而综合议论又是前两者的深入，由表现到实质、危害，由具体到抽象，这是本文最高层次的深入。文章议论部分正是从这三个不同层次，深入地论证了“骄必败”的道理。

（3）对比分析

在论证过程中，根据论点的内在联系，有意识地从各种不同角度树立一个或几个对立面，使不同的对立论点或事物互相激荡，借此加强说理，这就是对比分析。常见的方式包括以下几个方面。

①在正面的论述中穿插“对台戏”，即在由正面阐述论点的过程中树立一些与正面论点有关的对立论点进行批驳。例如，章炳元的《鸟飞鱼跃的联想》一文，在论述了人类的自由须有限制之后，提出否论：有法有天，有拘有束，不是有“框子”了吗？接着作者有力地论证了自己的结论：只有有了“框子”才能更健康深入地发展。

②让两个对立的事物从头到尾唱“对台戏”，使“对台戏”贯穿文章始末。

二、形象说理的技巧

一个观点与道理是人们在拥有大量感性材料的基础上，经过概括、加工和分析后提升为自己独有的观点，而形成的。根据这样的认知规律，我们想要讲透某个道理，就要借助一些具体的事物、形象或比喻，使说理能深入浅出、通俗易懂。

常用的方法有：

（1）打比方

经由打比方，使抽象的道理具体化、形象化，使深奥的道理浅显化，让人们在不自觉中接受道理。

（2）举例子

说理时稍微费一点儿笔墨，列举一些形象的具体事例是大有裨益的。在《自学成才要有文史知识》一文中，周培源以郭沫若、鲁迅为例，雄辩地说明了论点，事例虽写得概括、简洁，但毕竟勾勒出了具体的形象，而这两个形象正如光芒万丈的灯塔，照亮了千百万自学者的成才之路。

（3）讲故事

对大多数同学来说，议论文相当难写，就连记叙文、说明文写得很好的同学也都觉得议论文难以把握。一般来说，学生感受的总比思考的多，所以阐述观点当然比写故事要难。但如果学会几点技巧，学会几手绝招也就不难摆平它。

为了讲清某个道理，可以选择能说明这个道理的故事加以描述，然后再针对这个故事进行评述说理。邓拓在《从三到万》一文中，为了说明“学文化应该一点一滴慢慢积累，特别是初学的人不宜要求过急”的道理，引用一则明清笔记中“从三到万”的故事，嘲讽那些急于成功的无知狂人，这就让人们在阅读有趣的故事时，体悟“必须逐渐学习”的道理。

掌握分析、利用形象说理的技巧，并运用于自己的写作实践中，能将道理讲深讲透、有情有趣，阅卷者一定会对你的文章“一见钟情”的。

三、构思技巧

中心论点是议论文的灵魂，怎样提炼中心论点呢？

在这里为你介绍一个绝招：淘沙拣金，就是从材料中选择自己真正得心应手的论点，这可分三个步骤来进行。

首先分析材料，搜寻一系列观点，分析的关键是辨明材料的性质，诗歌、散文、寓言类材料可以从意境入手挖掘其蕴含的哲理；故事类材料则要从形象入手把握其所含的意义，这就像根据体裁来研读一篇文章一样。这一过程是构思的基础步骤，可顺向、逆向、发散，或回忆、联想、想象，目的是列出丰富的选项。

例如，以寓言《黔之驴》为材料写议论文。通过分析，我们可得到一系列观点：

(1)没有真本领只徒外表者终致毁灭；

(2)要敢于向貌似强大的敌人挑战；

(3)敌人凶恶的本性不会改变；

(4)做无聊事不会有好结果；

(5)要礼貌待人，不要逞能争强。

其次要比较鉴别、综合判断，看哪个观点能真正切合材料。这一步的要领是由整体来把握。

如上列选项中，(3)(5)是就材料的局部情节引发出来的偏题，而(4)又太肤浅，只有(1)(2)把握了材料的发散点，较为切题。

最后看哪个材料较为新颖，对自己有较大的吸引力，这是一个仁者见仁、智者见智的问题。

四、结构技巧

结构是文章的骨架，议论文比其他文体更讲究结构模式。议论文的结构模式与论述的层次是相互联系的，安排结构要先观察文章内容及论述的层次。常见的议论文形式有总分总式、总分式、分总式、层进式、并列式等模式，还有分设标题式、散文化倾向的暗线串珠式等。

怎样才能使结构完整严谨而又不落窠臼呢？

这里教你一个绝招：提问提纲，即以提问的方式来写提纲，可以分两个步骤来进行。

首先将中心论点转化为一个中心问题，并回答它。如上面关于《黔之驴》的试题，如果你选定“没有真本事只徒具外表者终致毁灭”作为论述中心的话，就可自问：为什么呢？

然后回答：

(1)历史上有很多这样的人物终致毁灭，如赵括等；

(2)这个竞争的时代决定了他们必然毁灭的命运；

(3)靠外表虚名混日子就是一种自取毁灭的行为。

这些答案既构成了文章结构的主体，又可视为中心论点的论据。

其次可以为中心问题设计出相应的问题群，分别回答。如上例中，首先可设问：为什么会想到这个中心问题？答：材料与现实之间的关联。最后可设问：那我们应该如何打算？答：面对挑战，学习真本领。另外(1)(2)(3)可继续转化为这种一问一答的形式。这样不只将文章的提纲列了出来，文章的结构问题也同时得到了解决。

五、论证技巧

论证是议论文的命脉，如果说构思、结构可以保证你及格，那么论证得好就可以让你得高分。

论证有很多方法，如对比论证、模拟论证、比喻论证、理论论证、事实论证、设例论证、引用论证等。

论证要讲究一些原则：要言之有理，合乎逻辑；言之有度，合乎辩证法；言之藏情，富有说服力。

怎样论证才能遵循原则达到目的呢？

在这里为你介绍一个绝招：活血通脉。“活血”就是灵活运用论证方法；“通脉”就是我们的目的，也就是应该遵循的原则。论证包括以下三个关键的环节。

首先是确定要采用哪种或哪几种论证方法。一般来说，读者较生疏的观点宜用模拟、比喻等方法，即可深入浅出加以论证；而与人们生活息息相关，但是不曾引起重视的观点则宜用事实论证、对比论证等方法，以引起阅读者的注意；有些论证方法必须与相应的方法同时使用，如事实论证要与理论论证相随。究竟采用哪种或哪几种方法要根据论点而定。

如课文《反对自由主义》，论点是“反对自由主义”，而自由主义是存在于社会中的普遍现象，只是人们对此熟视无睹，于是作者先举事实，列举出11种自由主义的表现，再辅之以理论来分析，充分证明了反对自由主义的必要性。

其次要同时使用两种以上的论证方法，而且应该有效地改变论证的方法，灵活巧妙地论证论点。如《反对自由主义》一文，除同时以事实和理论来论证之外，作者又以对比论证来强化效果，而且多方引用俗语和成语来陈述事实，并以比喻的方法来论述其危害。总之，综合运用论证方法，可使行文灵活，论证有力。

另外，论证要讲究辩证法，这是思想上的灵活，看待任何事物都必须一分为二，不可过度偏颇。当然这不是要你立论的同时又去否定它，而是必须从不同的角度去推敲论点，使之得以成立。

六、语言技巧

语言是文章的肌肤，是阅卷老师首先感知的对象，也是得高分的基石。

语言技巧包括概念的修饰与限制、句子的使用与变换、修辞方法的运用及段落的安排等许多方面。

怎样才能使语言灵活准确且流畅有力呢？

教你一个绝招：精明强述。“精”是精练，“明”是明白，“强”是有力，要从这三方面来写文章。

首先，精练地概述材料的内容。精练不只是对整个写作过程的要求，对材料的叙述也同样要精益求精。若材料叙述不精，则无法安排好布局，不能展开议论，也无法突出文章的重点。

精述材料的要领是根据中心论点来审视材料，将细枝末节略去，只留下能突显出论点的材料。

比如试题《读〈伤仲永〉有感》，已经提炼出的论点是：要成才少不了后天的努力。我们可以这样概述材料：方仲永五岁便能写诗，天赋可谓不低。但因“不使学”，以致到成年时“泯然众人矣”。这个故事告诉我们：成才固然与禀赋有关，然而更离不开后天的努力。

就这样根据论点用两句话就将材料概述出来，而且自然地引出了中心论点，至于其他的情节、人物等则都可省略掉。

其次，明白地表述要点。要点有时是分论点，有时是论述的主要环节。

比如《事事关心》一文，其中有一句是论述中心论点的关键句："闷起头来读书，而不关心政治，或者只是关心政治，而不努力读书，都是极端错误的。"这句话不难接受，而作者又将它分为两个方面，且每一方面都按正反的角度分别加以阐述，论证之严谨可谓滴水不漏。

另外，可运用不同句型、不同修辞等多种手段来增强语言的表达效果。

比如课文《"友邦惊诧"论》，作者采用排比、重叠的句型显示出强烈的感情色彩；运用传神的语气，模拟"友邦"和蒋介石的口吻，鲜活地描写出他们的神态……这些手段的灵活运用可使论证达到一种出神入化的境界。

以上这些技巧、"绝招"是必须了解掌握的基本点，若掌握得好应试时可事半功倍。

记叙文考试技巧

记叙文是生活的缩影，就学生来说，通常生活圈子不会很大，一般只会局限于校园、家庭或有限的街道和城镇中，很少有人经历过真正惊天动地的大事。所以如何在有严格时间限制的考场上，并且在考题的制约下，从看似不起眼的平凡人与平凡事中获取让人耳目一新的素材，精巧构思、铸成意象，并写出情理豁然、立意新颖的记叙文来，是写作得高分的关键。以下介绍几种应试技巧。

一、小中见大

所谓“小中见大”，就是从写“小题材”入手，由小见大，由点及面，见微知著。对于这种手法，郁达夫曾有过一个形象的比喻，那就是：一粒沙里见世界，半瓣花上说人情。日常生活中细致、平凡的题材是可以从某一生活侧面或某一生活片段折射出具有深刻社会意义和时代精神光辉的。柳宗元的《捕蛇者说》，写的是柳州一个捕蛇人有关捕蛇情况的谈话，可算是日常生活中的琐事，但作者却借题发挥，深刻地反映了当时“苛政猛于虎”、人民饱受重敛之毒等具有重大社会意义的主题。鲁迅的《药》，写的是华小栓生病、吃药，最后死去的民间小事，但作者却通过这些辛亥革命前后平民百姓的生活片段，揭示了旧民主主义革命脱离群众这一重大社会问题。还有的“小题材”能深刻揭示人生哲理。鲁迅的《一件小事》，不过千余字，只写了“我”与“车夫”两个主要人物十来分钟内发生的一件小事和一个场景，情节可谓简单至极，然而这件小事却“小中见大”地揭示了一个重要的人生哲理：穿长袍的“我”比干苦力的人力车夫要“小”得多，提出了知识分子的弱点，应向劳动人民学习。

有一位学生面对《家乡新貌》的考题，如此构思行文自拟标题：

《放鞭炮》梗概

大年初一早上，二贵跑来叫我去看他爸放鞭炮，我想：“二贵他爸是村里出名的小气鬼，他家是出名的贫困户，怎么会花钱买鞭炮呢？”我回忆起前年大年三十，村上来了个卖鞭炮的，二贵见了缠着要他爸买，他爸火了，又打又嚷：“吃饭都顾不上，哪有钱买那东西？”现在呢？我跟着二贵跑到他家院子里，只见二贵他爸穿着一身新衣，满脸红光，笑眯眯的，一边把长长的一串鞭炮缠在竹竿上，一边命令二贵上前点火……

作者从过年的众多事件中选取了二贵他爸放鞭炮的小事，加上回忆往昔的插曲，形成反差，深刻反映了经济的繁荣给家乡带来的巨大变化，小中见大，耐人品味。

二、常中见新

人们往往对生活中的一些小事习以为常，所以不去留意。其实如果善于观察就不难发现：寻常的小事中也会富含新意。例如在《醉人的春夜》中，小伙子帮姑娘补车胎打气。我们往往对这种寻常之事司空见惯，因为觉得自己也做得到，谈不上新鲜。但是若把它们放回生活之中，联系相关事物环境就会发现：补车胎打气是在无人知晓的深夜时分，主动迎进门，事毕不收费。这样一写，寻常之事就会闪现出不寻常的光芒，使得内容厚实新鲜，读来为之动容。

捡破烂、卖破铜烂铁，大人小孩人人可为，化废为宝以增加收入，看来一点儿也不新鲜，写成文章也司空见惯，不怎么样。而一位中学生瞧见班上几位同学在课余时间默默地捡破烂，把卖破铜烂铁回收的钱用来修补茶水桶，悄悄捐给班上，解决热天储水之难。他敏锐地观察到了在这件事情里隐藏的不为己而为公的感人之处，将之写进《我们的一班》这篇文章中，结果是满纸生辉，一派新意。

可见，要想“常中出新”，一要洞察背景，看出事物之间的联系；二要寻找差异，看出表面相同而实为不同的事物。

三、平中见奇

世界上不少事物由外表就可以看出其真正本质，如老农夫的衣着是其朴素本性的表现。当然不是每件事情都如此，也有很多事物其内在实质往往不外露，一般人看到的只是表面现象，具有慧眼的人才能窥见其奥妙，于“平”中见“奇”。记叙文的选材构思也是这样。

鲁迅少时曾在自己的课桌上刻了一个“早”字，并以此自勉，这一举动乍看平凡无奇，但是作者却能抓住这个“早”字，写出一段坎坷辛酸的经历，以显示少年鲁迅在逆境中自学磨炼、毅然前行的顽强精神。

学生写老师，描写其外貌是非常普遍的，但是有一位学生却能抓住人人都有的眼睛，通过瞬息万变的眼睛，描

写出她的语文教师性格中奇异生辉的一面。

《那扇窗……》节选

第一次在老师面前背书，谁不想好好表现一下自己，我暗暗和同学们比赛着：看谁先通过。我打算去背，可是……又犹豫了一下，带着怦怦乱跳的心快步走到讲台边："邹老师，我要背书。"

"好，请背。"邹老师眼睛一亮。

我流利地背起《沁园春　雪》来，但好景不长，背到"唐宗宋祖，稍逊风骚"时竟然卡住了。于是我犹豫了一下，空下忘记的一句，先背起后面的来。这时我偷看了老师一眼，老师双眼微眯，好像没有觉察到；于是我又背了一句，再次偷偷抬眼，不知何时，老师已睁开了双眼，她锐利的眼光一闪：有责备，也有嗔爱；是裁判，也是期待。那眼光分明已洞察了一切，从我发红的脸直看穿到心脏，我慌忙回头从"唐宗宋祖"那儿再背起来……

这位作者写老师时另辟蹊径，专写老师的眼光，于其中挖掘深意，通过心灵的窗扉——眼睛，巧妙地歌颂了她的老师——敏锐犀利而又与人为善，精明执着又严而有度。

四、反中见正

现实生活美好而又复杂，我们生活于其中，作文的基调当是充满喜乐，但也要利用手中这支笔抨击腐恶，使光明能战胜阴霾，净化心灵与社会。也就是要由反见正，以反衬正，促正胜反。例如：

《一堂失败的实验课》节选

物理课上，老师正在做摩擦生电的实验，他用一条塑料纸在衣服上使劲擦了几下，然后凑近纸屑，咦？纸屑被吸起来了。塑料纸条通电了，同学们惊呼起来。

接着老师又做玻璃棒跟丝绸摩擦生电的实验。摩擦过的玻璃棒被信心十足的老师拿着挨近了纸屑，这时我们一百多只眼睛瞪得溜圆。哎，怎么回事？玻璃棒并没有把纸屑吸起来。老师晃晃玻璃棒，把它拿得离纸屑更近了，可是还是没有丝毫反应，老师的脸红起来，教室里窃窃私语的声音变大起来：到底是怎么回事呢？只见老师稳住神，没有吭声，沉着地又做了一遍，结果却还是“外甥打灯笼——照旧（舅）”。老师叹了一口气，无可奈何地摇摇头：“这不是一块真正的丝绸布。”于是他一抬手扔掉了那块布。

我们由失望转而愤慨，劣质的产品差点导致我们吵吵嚷嚷要去推翻神圣的物理定律。实验失败了，却留下令人难忘的回忆以及沉重的思索……

作者的构思相当巧妙，于实验失败的全程描写中，显示出物理老师的执着认真、实事求是，并于结尾处通过简短议论引出产品的品质问题，从课堂现象引出一个社会热门话题，文章反中有正，文情婉曲，让人称奇。

说明文考试技巧

从考试的命题作文来看，说明文是一个较薄弱的环节，出题的比例小于记叙文和议论文，而且与此相应的是，学生对说明文的准备也是一个薄弱的环节，考生这方面的应试技巧比不上记叙文、议论文方面。其实，这正说明如果我们在说明文应试技巧方面做一些准备，是大有好处的。

一般来讲，考生可做到以下几点：

一、明确一个主体结构

大多数说明文的结构都呈总—分—总式，许多名作也是如此。能够认识到这一点，在构思时便有一个清晰的目标，以及大致的轮廓，不至于如坠五里雾中，也不至于漫无边际地漫谈。

当然也不一定要刻意遵守总—分—总的模式，可以在此基础上化为分—总、总—分、并列分说等多种结构模式。

二、遵循一条基本思路

这条基本思路被称为“三部曲”思路，即安排三个层次的说明内容。有许多文章都是用“三部曲”思路写成的。

《松鼠》：漂亮的外形—驯良的性格—乖巧的习性。

《奇特的激光》：激光的性能—产生激光的原理—激光的作用。

《宇宙里有些什么》：恒星—太阳系—它们的总性质。

《苏州园林》：苏州园林的整体特点—局部特点—细部特点。

《机器人》：古代“机器人”—现代机器人—未来机器人。

《珍珠》：天然珍珠的形成—人工养殖珍珠—珍珠的用途。

这条基本思路只显示了一种思路的骨架，事实上还可用千姿百态的语言外衣来装饰这种骨架，写出形象准确、优美动人的文章。

三、安排一种恰当的顺序

如果说“框架”使文章结构完整，“思路”使文章内容完整，那么“顺序”则使文章脉络分明、条理清楚。

一般说来，说明文的顺序分为时间顺序、空间顺序、逻辑顺序三种，其中以逻辑顺序最难抓住要领。下面就把说明文中的“逻辑顺序”做一下分析，以方便大家掌握、运用。

“逻辑顺序”主要是指：

（1）由浅入深。如《统筹方法》，先设例再释例，然后引申到实际运用，最后指出统筹方法的内涵。

（2）由简单到复杂。如《怎样写读书笔记》，先介绍“积累”的方法，然后介绍“分析”的方法，再介绍“查阅”的方法。

（3）由主要到次要。如《苏州园林》，主与次的先后安排非常明显。第三、四、五、六段介绍苏州园林设计与建造四个方面的主要特点，第七、八、九段对苏州园林的三个细部特点进行了介绍说明。

（4）由现象到本质。如《人类的语言》，先指出人类能够说话，接着说明人类的语言特点及以声音为表达手段的原因。

（5）由内因到外因。如《花儿为什么这样红》，从物质基础、物理学原理、生理需要、进化过程、自然选择、人工选择六个方面进行说明。前四个方面为花红的内因，后两个方面则为花红的外因。

（6）由表及里。如《春蚕到死丝方尽》，从蚕的生长过程切入，先说蚕要经过四次蜕皮，接着说明蚕的“体内并不平静”——蜕皮的生理因素，最后说明蚕丝的形成。

（7）由果溯因或由因而果。如《沙漠里的奇怪现象》，在谈到“光线作怪”这个现象时，先介绍结果——

“海市蜃楼”的现象，再介绍其形成原因。

（8）由此及彼。如《珍珠》，由天然珍珠的形成过程讲到人工养殖珍珠的方法，再讲到珍珠的用途，由一个内容带出另一个内容。

（9）由原理到应用的顺序。如《奇特的激光》，先说明激光特殊而优异的性能，再说到它在军事、生产和生活各方面的广泛应用。

（10）由抽象到具体。如《中国石拱桥》，先由石拱桥讲起，讲到中国石拱桥，再讲到赵州桥和卢沟桥。

四、突显一个明显的美点

考场作文讲究“一点之美”，即每篇文章起码应该有一处值得肯定的地方，这样便不至于被评给很低的分数。

比如说文章的开头，说明文往往并不采用“开门见山”法来起头，为了以趣味性来吸引读者，往往会绕个弯从侧面入手，变个方法开头，例如：

引用材料——《珍珠》；

讲述故事式——《听觉的作用》；

设置情景式——《奇特的激光》；

设置悬念式——《石油的用途》；

宕开一笔式——《月亮——地球的妻子、姐妹，还是女儿》；

议论抒情式——《花儿为什么这样红》。

又比如说文章的结构布局，说明文讲求顺序、条理，同时也讲求文字之美，例如：

标题构段——《兔》；

总提分说——《松鼠》；

比喻为线——《苏州园林》；

并列结构——《花粉》；

总分分总——《晋祠》；

连贯推进——《从宜宾到重庆》。

又为了要让文章的内容条理分明，可选择运用分步说明、分点说明、分类说明、分解说明、分层说明等多种形式的说明顺序。只要把握得当，以上任何一种说明顺序都能让你的文章一目了然。

所以，突出文章的美点是说明文的重要技巧之一，不要在无意之中疏忽了它。

看图作文考试技巧

考试时看图作文主要以漫画的形式来出题。虽然漫画篇幅通常都不大，只有寥寥数笔，但它却是经过精心设计的内容，用来表达一定的含义，以小见大，由此及彼，帮助我们更深刻地认识周围的世界。

考场上的看图作文，一幅漫画摆在我们面前，第一关便是要看懂画面。不论是说明、描述，还是写评论、观后感，都必须先理解画面的含义。第二步要分析提炼，顺势展开联想和想象，把握其深层含义，这样才能找到立意、构思的切入口和立足点。

一、看“情节”发展

适用于审读有多幅互有关联的组合漫画。如某作文题，设计了四幅画面：①手拿烟斗发誓；②把烟斗扔出窗外；③飞身下楼；④喜滋滋地接住烟斗。这四幅画面构成了一个夸张而又典型的故事情节，表达了对“光说不练的人”的批评。又如“一万个‘0’抵不上一个‘1’”也是设计的四幅画面，主人公在每幅画中都不断地画圈，表示“想在这里种树”，而在他画圈的过程中，别人种下的树都已经长大成材，画面构成了一个饱含哲理的寓言式情节，表达了“不要纸上谈兵”“坐而言不如起而行”的鲜明主题。

二、看事物变化

适用于画面中主体事物变化鲜明的漫画材料。如漫画《珍惜我们的世界》，画中白天鹅穿过烟囱中冒出的浓烟时变成了黑天鹅。画面通过“白—黑”的瞬间变化，用夸张的手法揭示污染已成为一大公害，令人触目惊心，号召人们与各种污染现象做斗争。

三、看人物对比

适用于阅读以多个人物活动为主的漫画。如漫画《无题》：一个老婆婆正满头大汗地在搓洗一盆衣服，她背后的年轻人却围成一桌，喜笑颜开地打麻将。画面将人物年龄、形态及所做的事组合在一起，形成鲜明的反差，运用对比手法，呼吁社会大众关心老年人的生活，并讽刺不敬老爱老，甚至折磨老人的社会现象。

四、看背景映衬

适用于漫画中人物所活动的环境很鲜明的阅读理解。画画中的景物往往有不可忽视的烘托、反衬作用。如漫画《外面的世界很精彩》：一本“课外作业”构成一扇巨大的门，挡住了一个个子矮小的学生，使他看不见周围的一切。画面通过有力的映衬烘托，深刻地揭示了学生作业负担过重的现象，呼吁保护儿童的身心健康，并要青少年多注意健体强身。

五、看比喻手法

适用于整体构思有明显而强烈寓意的漫画审读。如漫画《你来我往》：画中的大树上工整地写有“原则”二字，有两个人正用一把写有“人情”二字的大锯在树身上推拉。画面用来比喻讲人情的风气已深深危害到“原则”，讽刺牺牲原则来贪图名利的歪风。

六、看整体意念

适用于内容含蓄而令人深思的漫画，在这样的漫画中往往运用比拟、象征的方法来表现主题。例如有这样一幅漫画：主体部分是两只只剩下骷髅的山羊在独木桥上僵持。它含蓄地讽刺了为一点儿小事而争斗不休，甚至“死不相让”的不良风气，对处理人与人之间的关系、企业之间的关系、学校之间的关系等均有警示作用。

以上六种领会漫画含义的技巧，实际上均着眼于漫画的基本表现手法。应注意的是，我们应学会从不同的角度去理解一幅漫画的含义，然后进行综合比较，并选择一个最佳的立意角度来构思作文。

考看图作文时，在看懂画面之后第二关便是构思、写作了。就写作的过程而言，看图作文与其他形式作文一样，离不开立意、构思、表达的顺序，不论是哪种文体，不论是一图一题，还是一图多题，都要写好构思提纲。

但由于是看图写作，也就有了其特殊性，因此应该注意以下几点：

若是记叙文写作，要尽快进行合理想象，根据画面内容编排合乎情理的情节发展过程，和此中的人物活动以及他们的语言、动作和心态。编制的过程就是“想”，要反复地想，想好之后再落笔成文，千万不要边编边想边写。

若是说明文写作，则应忠实于画面形象，进行准确而不夸张、生动而不随意的说明。在说明时首先要确定画面上一个最重要的观察点，然后设计好说明的顺序，说明的最后一段最好用简练的文字指出画面的含义。

若是议论文写作，则要尽快确定立意的方向，然后迅速拟定三至五个可以依画面含义顺利展开议论的题目，仔细思考之后，确定一个进行写作。要特别注意的是，一定要将画面含义引申到实际生活中的现象上来，绝对不要仅就画面而论。

材料作文考试技巧

材料作文又称“供材料作文”“给材料作文”等，它取材广泛、形式灵活，而且要求多变，特别能训练学生的作文能力，避免学生有猜题押宝的心态，所以这种作文命题方式，越来越受到考试出题者的重视与青睐。掌握材料作文的应试技巧，对提高考试作文得分是至关重要的。

下面从审题、构思、布局三个方面来讲有关的问题。

一、审题的三个步骤

第一， 反复阅读，掌握整体

材料作文的审题跟命题作文的审题不同，考生要关注的不是一个词语或是一个短语，而是几十字甚至几百字的文字材料或内涵丰富的图片材料；要推敲的不再是词语的结构和内涵，而是故事、警句或图片本身的思想内容以及与现实生活的关联。所以审材料作文题首先要读懂题目内容：一是材料，二是写作的要求。材料是供考生运用、分析、引申、借鉴的依据，如果不全面了解就会出错；写作要求是对作文内容、主题、体裁、篇幅等方面的限定，一定要百分之百地遵照执行。读懂材料是为了执行要求，弄清楚要求是为了进一步善用材料。从材料到要求，从要求到材料，要不厌其烦地反复阅读，这是审题的第一步。

第二，抓住关键，仔细推敲

对不同类型的材料要抓不同的关键。以故事、寓言、人物事迹等构成的情节型材料，关键是要理清情节的发生、发展和结局，并且紧扣结局寻根究底，深入探索材料的内涵意义。对于图画型材料，关键是要弄清画面的内容，如果是以人物为主体的图片，应该从观察人物的衣着、身份、年龄、动作和神态入手，弄清人物以及人物与周围事物之间的关系，同时要将画面内容与现实生活联系在一起，从二者的关联中把握画面的主旨。对于梗概片断型材料，关键是要选对故事发展或继续的方向，然后考虑如何把自己的生活经验融入其中，使之与原材料形成一个有机的整体。对于名言警句型材料，关键是要准确理解其道理，然后考虑该如何评析，如何从生活中寻找典型事例来阐释印证。

第三，清除误差，客观分析

写作会产生误差，一般不是因为字词的艰深，而是因为审题者的粗心，越是感觉容易的地方越容易产生认知上的误差。避免这种错误的最好办法是具体情况具体分析，坚持“字不离词，词不离句，句不离段，段不离篇”的原则，把人和事物放到具体的历史背景和社会环境中去分析，切不可跨越时空随意想象，也不可把客观的事实抹上浓厚的感情色彩，主观臆断或妄加褒贬。

二、构思的五个确定

第一，确定主题

确定主题应该遵循以下原则：

首先，主题应该从材料中来，也就是对材料的概括、提炼和去伪存真。

其次，主题要有一定的深度。深刻的主题是“辨”来的，是“求”来的。辨就是辨析，辨是非真假和精粗优劣，通过辨来去粗取精、去伪存真。求就是索求，从混沌中求贯通，从艰难中求畅达　从复杂中求精纯　从平易中求不同，借以体会“山重水复疑无路，柳暗花明又一村”的微妙滋味。

第二，确定文体

如果命题者有明确的规定，则务必要按规定来写文章；如果没有具体规定则要根据材料类型来确定。一般来说，情节型的材料以写议论文为主；梗概片断型的材料以写记叙文为主；其他类型的材料，如名言警句、图画等，则是记叙、议论、说明三种文体都可以写，究竟要写什么文体，则要根据对材料理解的深度和自己的写作特长来确定。

第三，确定结构

如果写记叙文可以按空间、时间顺序或人物的活动情况来安排结构；如果写议论文，可以按总分、并列、层递等方式安排结构；如果写说明文，可以按方向、时间或空间顺序安排结构。

第四，确定表达方式

材料一般也用模拟的方式写。凡介绍生活现象、社会现象而又会直接给人某些启示的材料，一般用引申的方式写；凡含有是非性质而又有阐述价值的材料，一般用评述的方式写。采用什么方式写不仅要根据材料的性质做出判断，而且还应该参照命题要求，以免造成不应该的错误。文字要力求准确、平实、符合学生的身份，没有必要故意在语言上玩花样，故意幼稚或高深。

上述四点中，确定主题和文体是最重要的。但不管是哪个方面一旦确定了就不要随便变动，以免在紧张而又有限的时间内无所适从，乱了方寸。

三、布局的基本模式

根据材料写记叙文、说明文，基本上没有固定的模式，考试时可灵活变通，自行发挥。而写议论文则有一些基本的环节可遵循，应试时可以套用。

第一，引述材料，提出论点

在文章的开头部分，必须将与文章中心论点密切相关的材料用自己的语言概述一次，然后在此基础上提出中心论点。需要注意的是：

①引述的目的要明确，要为提出论点做准备。

②引述的内容要精心挑选。如题目要求自选角度，则应选择自己感触最深或最有把握的方面来发挥。

③文字要精练，要言之有物。

第二，承上启下，由点到面

这是加深文章深度不可缺少的一个环节，可以先进行材料的分析评论，揭示材料与中心的关联，然后跳出材料的范畴，使文章的议论提升到理性的层次，避免就事论事。

第三，举例说明，正反论证

这是全文的主体，目的是“讲道理，举事实”。讲道理要先从正面说，再由反面论，从不同的角度把道理讲深讲透。论述过程中要选用精要、典型的事例，有时可直接从材料中取材，来支持自己的论点，这是不可缺少的过程。但要注意举例与评析都要简洁有力。

第四，结合实务，深化中心

这是将理论与实际结合、突显文章主题和现实意义的关键部分，也是作文得高分的一个必要条件。结合实务不一定要把自己摆进去，而是要找到论点与现实生活之间的对应点，以表明解决问题的必要性与重要性。这部分所占的篇幅要点到为止。

第五，总结照应，画龙点睛

按照以上五个环节作文，可以给人结构合理、论证严密、主次分明的印象，从而提高分数。当然这五个环节也不是一成不变的，可以根据不同的情况进行增删或调整。

第三章 考试策略
——不可多得的应试技巧

正确、良好的考试方法与技巧，是获得优异成绩的桥梁。让我们来学习掌握良好的考试策略，以取得理想的成绩吧！

通读试卷，做到心中有数。

大型考试发下考卷后，应先检查试题的科目名称、页码顺序有无错误，每一页的版面是否清晰、完整，同时一定要听清楚监考老师提出的要求或订正试题错误。接着将试题浏览一遍，了解试题结构、题型、多寡。读到熟悉的题目时，应暗示自己这里可以得分、那里又可以得分，切忌把注意力集中在生疏、吃力的题目上，总去想这里要丢几分，那里又要丢几分。

在浏览试卷时要弄清题目的总数、各道题目的重点，还要注意它们所占分值情况，然后迅速地规划好时间。考试中分配时间有一个基本原则：一定要设法在充分复习过、最有把握的内容上赢得分数，为此有必要注意两方面：

——确定答题顺序。

——考虑疲劳因素。

一般说来，答题顺序应根据你对考试内容的掌握程度和各试题的配分情况来决定。疲劳因素也应考虑进去，譬如要写几篇短文，并要完成一系列多重选择题的情况，至少应该先写一两篇短文，再转向多重选择部分，然后继续写其他短文，因为适当转换一下节奏比较好。

一般情况下应遵循先易后难、先小后大、先熟后生的顺序答题。这样能避免花过多时间在解难题上，到最后反而没时间做有把握的题目。先做容易的题目能使大脑很快进入状态，有利于排除紧张感，稳定心情并增强信心。

不过对于成绩优秀、反应灵敏但常因粗心犯错的同学来说，则适宜先做中等的题目，即难度、分数比例居中的题目，抑制浮躁的情绪，改变马虎不细心的态度，立即进入专注沉稳的答题状态。还有部分学习脚踏实地、充分掌握知识，但性格内向、动作缓慢的同学，则应先做中、高等题较恰当。因为这类型的同学在考试中总是因时间不够，难以写完全部试题，导致考试最后半小时总是处于心神不定的状态，答题速度也因此而更缓慢；若先做配分较重的题目，至少觉得自己可以得到相当的分数，最后半小时便能保持心情稳定，加快答题速度。

因此，答题顺序的安排应根据我们自己对知识的掌握程度、性格的差异、学科特点等方面的因素去选择，不宜每种学科都固定同一种顺序。

一、合理分配考试时间

合理分配考试时间是影响临场发挥好坏的一个重要因素。

第一，分配答题时间的基本原则是在能得分的地方绝对不要丢分，不易得分的地方尽量争取得分。心中应该有“分数时间比”的概念，花十分钟去做一道十分的大题，无疑比用十分钟去攻克一道两分的选择题要有价值得多。

第二，合理安排时间。答题前先浏览一次考卷，大致了解试题的类型、数量、配分和难度，进而确定各题目应该分配的解答时间。在答题过程中，要注意时间的安排，譬如一道题目你计划用五分钟来解决，但五分钟过去后一点儿眉目也没有，你可以暂时跳过这道题。当然，如果马上就可以解答的话，延长一点儿时间也是必要的。

第三，时间安排勿墨守成规。分配时间要符合考试的目的——也就是能成功得到理想的分数。所以不要过于墨守成规，要能灵活掌握时间。时间安排只是大致、整体上的调度，没有必要精确到每一小题或是去计较一秒钟。此外要留五至十分钟的检查时间，但若题目太多，而且对自己所写的答案较有把握时，检查的时间可以缩短或省略。

二、相同的一小时，如能有效利用将可获得加倍的效果

有些人进了考场后，看到满满的问题就胆战心惊，暗想：“我写得完吗？”其实问题多并不害怕，只要相信自己能做到就一定能做到。

例如，在制作电视节目时，若是三十分钟的节目，一般都会准备四十到五十分钟的台词剧本。虽然在排演时需花费四十五分钟，但是当正式录像时大家的速度就会加快，从而达到三十分钟的目标。在考场上，考生的精神状态就跟电视节目的演员一样，因处于紧张状态而加速解答，因此在平时无法做完的考题数量，在考场上却能意外地快速完成。

三、停五至十秒后再继续答下一道题

一般人为了赶快写完答案，总是分秒必争，写完一题之后马上就做下一题。虽然考试时间会决定胜负，但是这种方法并不适当。因为回答这个问题的思考模式并不一定适合另一个问题，必须让头脑冷静下来进行一下转换。为了改变之前的想法，能够以新的思考模式回答下一题，就必须暂停五或十秒钟，看看窗外的景色，使头脑改变思路。

表面上看来似乎是浪费时间的做法，但事实上却是在节省时间。

四、绝对答不出的问题，就干脆放弃

有一些学生不会做某方面的试题，但是在其他的问题上能拿到高分，所以总分还是及格了。学生的解释是：“我对这个问题没有自信，因此考试时如果太难就放弃，去做其他题目。”

想要得高分是每位考生的共同心愿，但应如这些同学一样，尽量做会做的部分以争取高分，才是考试得胜不可缺少的战术。

五、决定放弃的时间是一道题所分配时间的三分之一

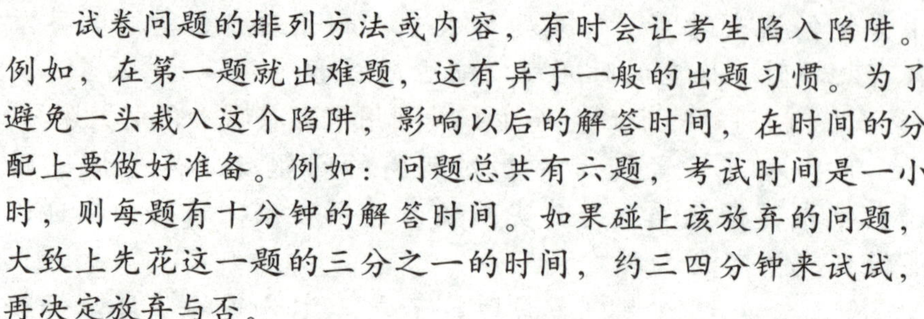

试卷问题的排列方法或内容，有时会让考生陷入陷阱。例如，在第一题就出难题，这有异于一般的出题习惯。为了避免一头栽入这个陷阱，影响以后的解答时间，在时间的分配上要做好准备。例如：问题总共有六题，考试时间是一小时，则每题有十分钟的解答时间。如果碰上该放弃的问题，大致上先花这一题的三分之一的时间，约三四分钟来试试，再决定放弃与否。

如果将分配一道题的时间全部用完才放弃，则整个时间都浪费了。

当然在准备考试时要有耐心，不会做的问题即使花好几个小时也不可惜，直到想出来为止。但是在考场上却不能如此。所以在考前的冲刺阶段就必须考虑到这个情形，按实际情况去练习，就可以培养出迅速判断解题费不费时的能力，同时也训练了调整分配时间的能力。

放弃问题后所剩下的三分之二的时间可用来做其他的题目，以把放弃的分数弥补回来。

六、做不出来的题目可先做记号，然后做下一个问题

虽然每个问题都编上了题号，但是并没有规定我们一定要按照这个顺序答题。有些人一遇到难题时就会拘泥于这道题，无法再继续下去，其实这时候应暂时放弃，先做其他问题比较好。但是在做下一题之前，应先替前面的问题做一些备忘或记号，下次再重新检查时，可节省重新阅读该题内容的时间，也不必再重复思考相同的问题。

七、考试时间快结束时，不要再尝试新的问题

当考试时间剩下几分钟的时候，一般人的心里都会想继续去做尚未解出的问题，但是如果你想要得到高分，这其实并不是一个好方法，尤其是在数学、物理、化学等计算问题上。当然如果能写得百分百正确就能得到高分，但是只要有一点儿错就有得零分的可能。换言之，这是一项不是得满分就是得零分的冒险，因此在快交卷时，除了确实有把握能答对的题目，不要轻易尝试新题目。

最后时间紧迫时，最好避免再去尝试新的问题，集中精力去检查已经做好的答案，才能确保分数，否则连原本已写好的答案也无法保证一定得分。

八、保持解题的心态，乘胜解决有一定难度的题目

同学们应该已经知道考题要由简单的开始做起，才能有效地利用有限的时间，假如一开始就想去解决困难的问题，也许尚未写出答案就已经响铃了。这个要领是考试技巧的最基本常识，而且一开始就回答简单的问题可使身心舒畅，出题者通常也会考虑到这一点，所以大都把简单的题目放在最前面。

选择从简单的问题开始回答的策略，还有助于解决原本以为无法解决的难题，也就是说会产生出解决难题的积极斗志。可能你曾有过这样的经历：在某个阶段，常有比较顺利的感觉，也就是在某个时期做事情会比较顺畅，一般称之为运气好。若由心理学来解释则为：一旦事情被带到正面之后，会带来更好的运势，如果一直顺利进行，结果就能够发挥出比自己实力更大的力量。

并不是回答一个问题就会产生这种状态，但如能顺利解答出两三题，就能够产生向难题挑战的勇气。

九、无法解出问题时，用“确认表”法稍微转变思考角度

在开发创意或专门解决问题的部门中，常使用的方法之一是“确认表”法。因为当人的思考产生阻碍时，就会开始反复进行相同模式的思考，也就容易走入死胡同。这项“确认表”法的功能即在解除这一困境。

这个方法是：事先列举出有关这个问题的一切条件，再配合需要、要求来确认问题。任何问题都有几个共同点，例如“加大之后”“缩小之后”“扩大之后”“倒过来看”和“切断来看”等，要从各种角度来进行检查。

这个方法也可应用在一时无法解决的问题上。例如在几何学上的“辅助线”“连接点”“中点”等，代数中的“a的值等于复数时，等于零时，等于整数时”等。在平时读书时

应该把必须注意的事项在脑中列一张表，尽量能迅速地网罗所有可能性。

这样一来，不仅可避免因为思考而浪费时间，在遇到难题时，也能立即改变观点作思考。

也就是说，在遇到困难的题目时，应用“确认表”法去思考，就可以解决了。

十、想出好几个答案时要写出来，不要只在大脑中作比较

每个人可能都曾有过这样的经历，想在答案栏内写下人名时，会因为想到好几个名字而举棋不定，似乎无法确定哪一个是对的，因此浪费了许多时间。遇到这种情况不要只在脑中思索，犹豫不决，不妨把它们写下来作比较。因为写成文字之后每个字都会直接刺激我们的双眼，同时也能反映出全体的印象，这样一来，过去看过的名字应该会看起来比较眼熟，而看来陌生的名字应当就是错误的。

由此可知，只在头脑里想象，或用嘴巴讲的事没有办法决定时，就要把它写出来，将全体都可视化再来判断。

十一、如果完全没有信心时，就用猜测法

在答题时如果空白是零分，写错也是零分的话，那么就应该随便猜一个答案，亦即利用猜题的方法。因为即使完全猜错了也无所谓，而且如果幸运猜中的话，就能拿到一部分分数。尤其是是非题猜中的概率占50%，而四选一的选择题也有25%的概率猜对，所以真的完全没有信心的话，就放手一猜吧！

十二、书写要快、齐、准

一要快。因为在重大考试时，其目的就是要区分出学生程度的高低。区分的方法，一是靠题目的量，二是靠题目的质，一般来说考试时间总是较紧凑的，容不得半点儿慢条斯理，所以写字速度一定要快。有的考生不能按时交卷的原因不是不会，而是因为写字的速度太慢，结果耽误时间而影响了成绩。

二要齐。指卷面要整齐清洁，书写格式要按照规定，而

且四周要留下适当的空间，避免在试卷的空白处东一段、西一段随意书写。审题后，根据题型和答案大约的字数多寡，先大略估计和安排然后再书写，不够写可以在反面书写，但一定要标注清楚使阅卷老师能找得到。此外，字迹要端正、整齐，大小要一致，字迹潦草是答题的大忌。

三要准。指书写的内容要准，有的学生认为潦草点儿没关系，反正全部答完以后还可以检查、修改。其实对大部分考生来说，检查的时间很有限，有的根本来不及检查，即使检查时发现书写错误或不合规定，要想改正或者重新抄写，有时也已经没时间或没地方可以写了，只好望卷兴叹。所以一定要尽力第一遍就做好，不要有太多修改，更不要大范围涂改。

考试中还应注意的问题

一、切忌粗心大意

许多同学都有粗心大意的毛病，只是程度上有所不同、表现形式不同而已，通常有下列五种情况。

第一，审题不细心。审题是得到高分的关键一步，必须细心认真地进行。但是有些考生却偏偏在审题时过于粗心，急着动笔写，结果往往在没有弄清题意的情况下就回答，考后一对答案才知道自己错了，后悔莫及。例如，有一次考试作文是命题作文，要求考生以《先天下之忧而忧，后天下之乐而乐》为题写一篇议论文，试卷的“注意”一栏里明文规定：“必须写议论文，不要写成诗歌或其他文体。”但有些考生在审题时不细心，忽视了注意栏的要求，没有按要求写成议论文，却写成了记叙文。甚至有学生连题意也未领会，就提笔写了起来，在作文第一段论述什么是天才，第二段谈陈景润自学成才，最后竟莫名其妙地冒出了“通过上述例子……”“这就是所谓的‘先天下之忧而忧，后天下之乐而乐’”的句子。像这种作文的失误就是因审题不细心，加上未仔细揣摩题意而造成的。

第二，过于盲目轻率。有些考生拿到试卷后，稍微浏览一下考题，觉得题目容易得很，心里暗自窃喜，于是不假思索地提笔疾书，而答完后又不细心检查，争着第一个交卷。结果却往往答非所问，张冠李戴，而且丢三落四的，自己本来会做的题目也丢了分。像这种“出考场兴冲冲，对答案灰溜溜”而追悔莫及的人，在大大小小的考试中都很常见。

第三，答题缺乏计划。试卷发下来后应该先沉着冷静地把全部试题浏览一遍，把考试时间分配好，让心中有一个大略的答题计划，免得顾此失彼。可是有些考生却不是这样，拿到试卷后就从头答起，不管是大题小题或难题易题，一律按部就班地答下去。结果容易做的题目轻易就完成了，但却很容易卡在难题上，浪费时间，使得先做的题目占用了很多时间，剩下的题目却没有时间做。例如，常常会有一些考生答前面的问题时占用了过多时间，后面的作文只写了两行时间就到了。这样前松后紧、顾此失彼的现象，究其原因正是由答题缺乏计划造成的。

第四，漫不经心，忙中出错。有的考生不重视配分较少的小题目，认为即使错了也不会影响到大局，因而漫不经心马虎回答。而有的考生则是匆忙答完多数自己会做的题目，而把主要的精力和时间用于攻克不会做的题目，结果会做的题忙中有错，难做的题目也攻而不克，造成相当大的失误。

第五，答后不检查。写完试卷后一定要认真仔细检查，而且要多检查几遍，千万不要无意义地争取第一个交卷，但有些同学常常把老师的叮咛嘱咐忘得一干二净，例如把一道很简单的数学式“$-3^3=-27$”误写成了“$-3^3=27$”，像这种错误其实只要加以检查就一定能发现，但很多同学却因为过于粗心马虎，所以白丢了很多分数。

二、切忌解题思路狭窄

在考试答题过程中，有不少考生表现出思路不够灵活、过于死板的心理障碍，也就是不能全面、客观地观察分析问题，常常以偏概全好走极端，不善于去发掘事物的本质和内在联系，容易被假象所迷惑；不善于具体分析问题，喜欢生搬硬套，思考问题缺乏创见、因循守旧，受制于既定的观念中。

有些考生只从形式上看问题，不去考虑事物在本质上的

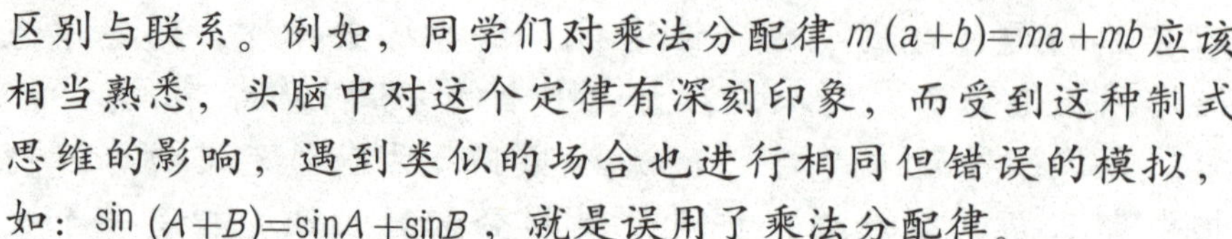

区别与联系。例如，同学们对乘法分配律 $m(a+b)=ma+mb$ 应该相当熟悉，头脑中对这个定律有深刻印象，而受到这种制式思维的影响，遇到类似的场合也进行相同但错误的模拟，如：$\sin(A+B)=\sin A+\sin B$，就是误用了乘法分配律。

再如某次考试的作文题是《毁树容易种树难》，题目中蕴含着很深广的哲理，要求考生要细细揣摩、领悟。但有些考生思路过于狭窄，仅仅围绕种树、毁树去谈，领悟不到其中“毁易种难”的寓意，更不懂得把自然现象中的哲理应用到社会现象中去，说明学坏易而学好难，所以要严于律己，努力上进，以及毁才易而育才难，所以要加倍爱惜和培养人才等道理。

三、切忌慌乱急躁

在考试前同学们都把“沉着冷静，细心回答”作为座右铭，以此来鞭策激励自己，但是一到考场上心情总会有点儿紧张，不像平时那样沉着冷静，有些人甚至表现得慌乱急躁，在考试过程中出现一些考试心理障碍。

慌乱的主要表现为：一是心情上的慌乱，心里忐忑不安，精神紧张，心绪烦乱；二是做题慌乱，看错题目，弄错正负号，发生计算错误，写错公式或化学元素符号等；三是卷面书写慌乱，字迹潦草，胡乱涂写，下笔前未经认真思考，想到什么就写什么，写着写着发现不对就划掉重来，结果卷面脏乱难辨；四是错别字满篇，或前后语句不连贯，显示思维逻辑的混乱。

急躁的主要表现是有些考生“先

挑难题做”，急于得高分。这些考生认为容易的题目得分低，困难的题目得分高，所以先挑难题做就可以多得分。其实这种认识是片面的，做题最好按照先易后难的顺序。因为刚上考场时，一般来说考生心情会较紧张，思维、记忆等方面还没有达到最佳状态，要做过几道较容易的题目之后，情绪才会逐渐稳定下来，智力活动渐入佳境，这时再做较难的题目才会奏效。如果一开始就挑难题来做，其结果往往是事倍功半。如果难题久攻不克，心里就容易发急，而心里一急就更容易出错，便形成了恶性循环。

四、不要作弊

有少数学生在考试时会作弊，这是一种投机取巧、弄虚作假、自欺欺人的不良行为。

前面说过，通过考试，老师可以得知学生的学习效果，以便对教学进行必要的调整，因此考试的成绩必须真实、客观。如果考场上作弊成风，老师阅完卷后只能得到一种假象，这对改进教学是十分不利的，而且使老师在考试期间付出的心力（出题、监考、阅卷、计分等）全白费了。

对学生来说，由于作弊而轻易获得好成绩，容易使自己平时的学习松懈，只希望以作弊得分，这样不仅会造成在无法作弊的重要考试中一败涂地，而且对充实自己的学识一点儿帮助也没有。

一个积极上进的学生不仅自己不要作弊，也不要帮助别人作弊，因为这不是真正的关心，只会助长同学的错误，同时自己也犯了错误。

如何解答主观题

主观试题不仅要求你回忆所学的内容，更要求你拥有组织材料的能力，这类考题常被称为“发挥性题目”，有时只需简短地解释回答，有时则要详尽讨论和阐述，写成较长的文章。通过这种考试，老师可以全面了解学生对课程具体部分的理解程度，所以“主观”的意思是这类考题比客观试题更能看出考生的学习情况，反映出学生间的个体差异。

这类考题使考生有机会表现出自己的实力，以及对知识理解的深度和广度，同时老师也能在阅卷时做出更多主观、独立的思考和评判。鉴于这些原因，在这类考试中，充分地了解出题人的意图和阅卷老师的倾向是很重要的。

主观题考试可以检验考生准确回忆所学内容、灵活组织材料、清楚表达问题、深刻理解问题实质的能力。回答这类问题时，考生应当记住：这类问题并没有严格规定的标准答案。

那要如何回答主观试题呢？以下有几点可供考生在答题时参考：

一、先浏览一遍所有问题，然后根据问题的重要性来分配时间

如果一个问题占总分的四分之一，回答这个问题的时间也应该占考试时间的四分之一。

二、认真审题

充分理解题意才能确知自己应该怎么做。例如，历史科的试题：第一次世界大战爆发的真正原因是什么？

要回答这个问题，需要对引起第一次世界大战的经济和

政治原因进行分析，没有必要去描述奥地利王储遇刺的经过，也没有必要描述巴尔干诸国的问题，答案应集中在工业化的结果、市场的竞争、民族主义的蓬勃发展等问题上。与客观考试中的选择题和是非题一样，必须充分注意发挥试题中用来修饰、让题意更明显的词语，例如这一题里的“真正”这两个字。但有些考生不会正确理解题意，就算答题的用词很漂亮，可是如果答非所问就连一分也得不到。历年考试都会听到某某考生作文跑题了，这便是由审题不认真、曲解题意而造成的。

三、审查准备回答问题

在考卷的空白处简单地打个草稿，列出你的主要观点，然后认真思考一两分钟，看看观点的安排是否合理，要确定答案中没有漏掉任何重要的地方，想好之后再动笔。这是提高答题的质与量的重要因素。在浏览题目的时候，随手记下想起的问题，建议你在考卷的上方写下题号，那么回答的过程中，只要你想起与某道题有关的内容，就可以立刻记在相应的题号后面，以防遗忘。因为在考试中，再没有比漏答一个原本可以答出的内容更难受的事了。

四、解答的首要任务是针对所问来答

要清楚而明白地用你所学的知识达成题目的要求，不需要把问题重写一遍，而且切忌开头冗长而烦琐的引述，一定要开门见山直截了当，而且言简意赅。还要记住要引用充分的事例，并且每个例子的论据都要确凿。

五、巧妙地组织答案是答好题的关键

不善于组织材料，只是将所有事实堆砌起来是得不了高分的。要将材料组织好，需要经过认真思考和恰当安排。一般来说，考生在正式考试之前，特别是学期考试，应该可以预估到部分会考的内容，于是在考前往往就拟好了某些答案的大致结构，但最后在这些问题上却往往失了较多的分数。这是因为考生普遍不太能掌握回答这类问题的答题技巧，不是堆砌材料、没有头绪，就是只写了寥寥几条要点，当然得

不了高分。这类问题的答案应包含下列要素：阐明一个观点（论点），分析问题的基本要素，举出例子加以说明，并得出明确的结论。

六、每次要集中精神回答一个问题，写答案时要注意把握“方向”和“尺度”

有些学生经常答得过细、过多，但老师不会因为你写得多就给你高分。有些学生则容易写离题，这都是因为忘记了答题的方向。答题时一定要把答案限定在试题所要求的范围之内，要想避免答题时笼统概括、胡乱填塞的毛病，最好是在记述要点时在心里仔细地想一下该点是否重要，对每一个要点都提出“为什么”。这样，就能分辨出哪些东西有写上去的价值，而哪些东西没有意义应该删去。

七、写完考卷后一定要全面检查一遍再交卷

如果考试时间有一个小时，最少要留五到十分钟检查考卷，要检查一次标点与书写格式是否正确，是否有明显的事实错误，如错字、错误的结论或将人物张冠李戴等。

如何解答客观题

客观题一般指选择题、填充题、是非题等，要应试者在所给的若干答案中找出一个正确的答案，或者要求考试者凭记忆回答试卷上的问题，或判别该题目叙述的正确性。这种题型命题的灵活性大，覆盖层面也广，回答一道题只需很短的时间，但在一份试题中可以包含大量的内容，而且可以考查学生各方面的能力。因此现在的很多考试均广泛采用这种客观性题目。

回答这种题目有没有什么技巧呢？除了答题的一般方法外，下面我们以选择题为例来讨论客观题的答题方法。

一、保持稳定的答题速度，然后再回头去做第一次答不出来的问题

首先依序读所有的问题，并回答你知道的题目，跳过其中没有把握回答的。大多数情况下，会回答的问题要花的时间很短。然后再重新开始，迅速地估计一下时间，看看剩下的每道题要花多少时间，答题时不要超过分配的时间，而且也同样要跳过你不会回答的问题。接下来又重复相同的步骤，再规划时间，重新挑战不会回答的问题。要记住不能着急，按照预计的时间慢慢思考而后回答即可。

二、如果不能一眼看出正确答案，用消去法消掉明显错误的答案

这种方法的关键在于把四五个选择答案减少到剩下的两三个，以提高答题的正确率，这样可以使考试变得容易些。

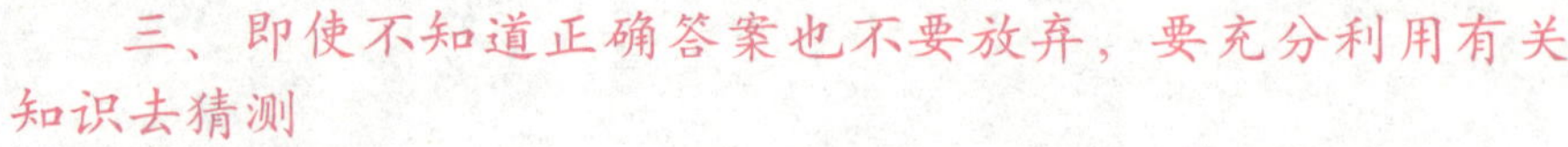

三、即使不知道正确答案也不要放弃，要充分利用有关知识去猜测

尽量不要让任何一道题目空着，因为只要选出一个答案，就会提高答对的可能性。下面的资料是从数学角度表示选项与猜对概率之间的关系。

选项的数目	猜对的可能性（%）
5	20
4	25
3	33
2	50
1	100

从表中可以看出，如果你消去的选项越多，猜对的可能性就会越大。

四、将每个选择答案与题目叙述和其他选项作比较

正确的答案必须是能百分之百回答出问题，或是完成题目叙述中所缺少部分的答案。你可以从以下几方面作判断：

第一，不要把问题复杂化。没有弄懂问题时，有些同学常会不自觉地改变原题目或选项，使问题看起来成为能符合你的答案的样子。但这是错误的，一定要按原本的意思和要求作答。

第二，将每个选项与题目连起来看看。有时每个选项看起来都没有太大的破绽，但别忘了正确的答案一定是和题目最吻合的。

第三，将各个选项加以比较，分析它们之间的异同点，考虑正确答案和错误答案的关键所在。

五、当两个选项相同时，两个应该都是错误的

除非是多重选择题，一般单项选择题中不可能出现两个相同的答案。

六、如果两个答案相反，肯定有一个是错误的

一般来说，如果有两个答案相矛盾时，若其中之一是正确的，另一个就一定是错误的。而在这种情形下，其中一个是正确答案的可能性很大，因为出题人在出选择题时常把正确答案的反面意思也列为一个选项。因此注意观察互相矛盾的答案，就可以从中得到相当多的信息。

七、选择包含最完整内容的选项

在有些选择题中，有一个答案是其他两个可选答案的总和，或者是“以上皆对”“以上皆非”，这类选择答案通常是把一系列相关信息综合成一个正确答案。

还有一种逻辑推理方法是在其他相关的题目中寻求答案。这种方法特别适合于英语的阅读测验，有时答案的线索可能就在其他试题中。

当然要想取得好成绩，就必须读熟试题所包含的信息，如果有实力，一般说来一眼即可看出正确答案。如果不能一下子就分辨出正确答案，应该将答案认真作比较，使用逻辑推理判断出正确答案。如果仍然无效，就进行合理而有意义的猜测，或者在整张考卷中寻找线索。

各类型题目的答题技巧

考试的时候，应该针对不同的题目类型，运用不同的解题方法。

一、选择题

1．仔细审题。考生对题目的注意事项要充分理解，对各个选项所要表达的事情及其含义要能正确领会。例如：“小明爬到床底下，偷偷躲了起来，____从床下拖了出来，送到幼儿园去了。”四个选项：A．妈妈找了好久，最后才发现他；B．但后来还是让妈妈给找到了；C．妈妈找了好久，终于把他找到；D．但妈妈终究还是发现了。从中选出较好的，使它与上下文能衔接起来。

解此题在审题时要特别注意抓住题目中的关键词“较好”二字。答案B与A、C、D三项比较起来只是“较好”而已。如果草率地理解，把“较好”误认为是“最适当”，则会认为四个选项都不尽正确，这样就选不出“较好”的答案了。

又如，有这样一道历史试题：1939年第二次世界大战爆发前成为英法绥靖政策牺牲品的国家是：A．捷克斯洛伐克；B．奥地利；C．波兰；D．埃塞俄比亚。此题正确选项必须符合三个条件：①绥靖政策牺牲品；②1939年；③第二次世界大战爆发前。完全符合三个条件的只有选项A。C项只具备两个条件，如不认真审题是很容易选错的。

2．分辨正误。考生根据题目要求，对提供的选项应经过比较来发现它们之间的差异以求正排误，而且能更迅速、准确地解出题目。例如，有一道政治试题：感性认知和理性认知是认知过程中不可分割的两个阶段，而要将它们整合的基础是：A．社会实践；B．客观存在；C．直接经验；D．人们改造世界的一切活动。这一题考的是感性认知和理性认知之间的关系——整合的基础。由于二者整合的基础是社会实践，以上四个选项中A、D是实践，属于“是”——正确，所以应选取；而B、C都不包含有实践的意味，不是整合的基础，属于“非”——错误，应该舍去。

3．筛选求真。考生要从选项中根据题目的意思来去伪存真，或排异求同，可先将自己能确定是错误的答案消去，再由剩下的答案中筛选出最正确的一个。例如有这样一道题目：在实行两党制的资本主义国家中，执政党是指：A．代表全体选民利益而获得多数选票的政党；B．组织政府的政党；C．能以国家名义实行阶级统治的政党；D．美国现在的执政党是共和党。该题主要是要考查学生对执政党的内涵与特点的了解程度。解答时可抓住基本含义和前提条件来筛选：第一步先筛选出与题目相关的选项，即A、B、C；第二步筛选出概念、观点或事例正确的选项，即B、C、D。综合两者就可得知符合题意的正确答案应是B、C。

4．决断排惑。很多题目往往运用了语言技巧，让考生感到迷惑，错误的选项看起来似对非对，因此解题时应该立即找出错误，果断作答，切勿犹豫不决而耽误了时间。例如有一道语文试题：孙中山是中国的脊梁。其中“脊梁”用来比喻什么？请选出正确的解释：A．人的脊椎骨；B．民族的精神；C．民族的胆魄；D．民族中有大无畏精神的人；E．民族中有大无畏精神的领导人。解

此题主要应该排除选项设下的陷阱，正确答案是D，容易误把B或E选为答案。

二、是非题

是非题要从表面看出真正的本质，找出关键的字眼、句子，注意其中的细微差别，从而判断出试题所述内容正确与否，这是答是非题的要领。

是非题在语文、地理等学科的测验中时有所见，它要求对试题阐述的内容做出准确的判断，对的打“√”，错的打“×”。这类题主要考查学生掌握知识的程度和运用知识的能力，特别要考查学生的辨别能力和判断能力。

这种题型看似简单，其实有一定的难度，因为在试题中有对的部分，但又穿插着错误的东西，所以看起来显得似是而非，似对实错，考生会因此而觉得迷惑。特别是如果基础知识不够扎实，答题时粗枝大叶，就很容易判断错误。因此解答时要运用学过的知识逐一检查题中各点，最后再做出谨慎的判断。

例如有这样一道政治判断题：日本自民党和社会党的关系与美国共和党和民主党之间的关系在根本上是不同的。其不同点在于：前者是互相监督的关系，后者是长期对立的关系。（ ）

解此题可先作整体的审视，再作细部的辨析。第一句话是成立的，“前者是互相监督的关系”也是对的，但是说“后者是长期对立的关系”就有片面性，因为其实它们是轮流执政的关系。所以此题的答案为“×”。

又如下面这组语文是非题：

1.朱自清的《荷塘月色》和孙犁的《荷花淀》都描写了荷花，它们都是写景的散文。

2.郭沫若的《甲申三百年祭》和姚雪垠的《虎吼雷鸣马萧萧》都写到了李自成这个历史人物，但前者是学术论著，后者是文艺作品。

3.《威尼斯商人》中的夏洛克，《守财奴》中的葛朗台，《死魂灵》中的泼留希金，都是资产阶级商人的典型。

4．《樱花赞》《百合花》《花城》《南州六月荔枝丹》《杨树》等作品都写到了花草树木，但它们的文体各不相同，表达方式都不一样。

做上述是非题时要逐个逐点地加以审查、辨析。

第1题的第一个句子指出两篇文章都写荷花，这是对的。但下一个分句中的“写景”“散文”只适合于《荷塘月色》，而《荷花淀》却是小说，是不能包括在“都是”两字内的。抓住“都是”这个关键词眼，从文体上来辨别，问题就能迎刃而解了，所以答案为“×”。第3题中的泼留希金是一个沙皇农奴制度下的地主，并非商人，所以答案为“×”。第4题中的“百合花”是指印有百合花图案的被单，与《樱花赞》中的“樱花”，《花城》中的“花”是不同的，而《樱花赞》《花城》同属散文，表达方式也有相同之处，说它们“各不相同”“都不一样”也是错的，因此答案为“×”。只有第2题是正确的，应打“√”。

再譬如这样一道地理是非题：中国大陆土地资源遭到惊人破坏，使得耕地面积日益缩小的最主要的原因是：城市、工业、交通建设占用了大量耕地。（ ）

解此题要回顾过去学到的有关这个问题的知识，认真辨析，判断题目所述内容的正误，这样就不难得出结论——答案为“×”。因为中国大陆土地资源遭到破坏，耕地面积日益缩小的最主要原因是遭受水蚀、风蚀和沙漠侵吞。

三、填充题

各科考试题里都会有填充题，这种题型是在一段文字中空出一个或多个关键词、短语或句子，留出空白处，让考生填入正确的答案。在语文学科中分为选择式填空题和简答式填空题两种题型。

社会学科与语文学科主要是考查基础知识和时事，在数学中则属于标准试题的基本题型之一。不论是哪种科目，填充题的主要目的是检测考生掌握知识的准确度，并考查对知

识的再现能力和理解能力。考生在解题时首先要将题目看清楚，确定题目的内容，其次要考查前后上下句，准确填写出应写进空格的答案。

语文科目会出现的选择式填空题与一般选择题相似，同样要注意考查语境，把题目所节选的内容与原文联系起来，仔细分析并准确理解，这样就不会填错答案。至于简答式填空题难度较高，要弄清文意，明确知道题目的意思，又要有一定的分析概括能力，以及一定的表达能力；瞻前顾后地检视语意，理解文意，还要仔细推敲所写答案是否与文意相符，与题目原有的文字是否能协调结合在一起；句子是否通顺，表达的意思有无重复、赘述、残缺、颠倒或是互相矛盾的地方，以保证答案的质量。

至于解答数学科填空题的一般方法有：直接法、图解法、特殊值法、观察法、归纳法、探索求解法、分类讨论法等。同学们在学习中应逐步摸索，灵活应用。

四、配合题

在配合题中，问题独立分一栏，答案又分一栏，要求考生将题目与答案连在一起。如何配对是解配合题的关键，可以采取下列方法来进行。

1.先解决有把握的题目。配合题一般是一对一配对，解决一对有把握的问题，就减少一个项目，提高命中率。

例题：弗洛伊德的人格理论可比拟为一辆马车，请按照此比拟将左右两栏配对。

马　　本我

车　　超我

车夫　自我

你可能记得：“本我”，是一匹桀骜不驯的奔马，这就解决了一个配对，你面对的就是50%的概率。先将有把握的配对解决，在解答有许多项目的配合题时尤为重要。

2.认真阅读题目说明。配合题可以一一配对，也可以一对多或多对一。有些考生百般费力，勉强一一配对之后突然发现，原来可以一对多或多对一。为了避免这种情况，需要养成严谨的读题习惯，认真阅读题目说明。如下题就显然不是一对一配对。

请判断下面的现象是化学现象、物理现象，还是物理化学现象?

A.非氧化铁的表面有金属光泽。

B.铁置于硝酸中有氢气生成。

C.硫黄加热可变成黄色溶液。

D.硫酸铜溶于水，会变成蓝色溶液。

E.铜和锡一起溶化，会变成青铜合金。

五、简答题

回答简答题的要诀如下：

1.简明扼要。一定要简单扼要地回答简答题。在一定程度上，简答题可以说是问答题的简化，要减缩例子和论据的字数。

2.防止两个倾向。回答简答题要防止两个倾向：一是过于简略而显得不够完整，这是因为缺乏内在逻辑，需要进行训练；二是过于啰唆，再优秀的学生也有可能出现赘述的情形，主要是因为害怕漏掉必要的重点，所以一定要相信自已能够正确掌握知识。

六、问答题

解问答题时要做到思维严谨、表述简洁、论证有条理。解问答题的具体技巧包括三个步骤：阅读题目、构思和组织答案。

1.阅读题目。阅读题目的目的在于正确理解题意，尤其要注意题目中的一些关键词。

首先，要理解题意。理解题意是解问答题的关键。如果匆匆忙忙地阅读，而将题目的意思解读错误，将会造成严重的错误。为了能充分理解题意，一定要先浏览一次，接着还要细读，并在关键的字下面画线。

其次，要找出关键词。问答题的关键词指那些要解题者

回答的词语、概念以及告诉解题者如何回答问题的动词。如下列动词：

分析——描述中心思想、相互关系、进行假设并说明其意义。

比较——阐述正反面理由，以及其相似和差异之处。

对比——比较差异之处。

评述——依据正面理由和反面理由提出自己的观点。

定义——对于一种事物的本质特征，或一个概念的内涵和衍生进行确切而简要的说明。

描述——详细、准确地表达一个事件或现象。

论述——叙述一件事或一个现象，判断其为肯定或否定，有时还要谈及其重要性和假设。

评价——引述某件事或某现象的积极特征和消极特征，用以评价这件事或现象。

解释——举例表达思想并提出自己的观点。

证明——提出一个特殊事件或现象存在的依据，在适当的地方判断说明。

总结——对要点提出一个简短的、总体的看法，并说明要点之所以重要的原因。

追溯——描写一件事或一个现象的由来、历史、发展或进展。

2.构思。首先，记下最初的构想。认真阅读并理解关键词之后，要迅速在纸上记下最初产生的各种想法，它们是否合理、是否正确并不重要，重要的是从各种构想中抓住关键之处。

其次，组织最初的构想。记下最初构想后，再看看问题中的关键词，然后从众多想法中挑出与题意最接近的，并加以简单组织。

例如一个经济学的问题：根据过去两年的国民经济状况比较均衡理论与非均衡理论。

回答这道题时，考生需要从众多的想法中，挑出和过去两年的经济状况关系最紧密的内容，然后借助图解等方式，把这些内容组织为一个简洁的逻辑结构。

另外，列出大纲。组织好构想后，要列出一个清楚的大纲。一个好的大纲能将你的回答美化为一篇简短的文章，并能保证不离题。

开头段必须介绍主题，并适当说明自己的想法；主体段是重点，要写出必须回答的几个要点，并且一定要有一个合适的结构把它们连在一起；结尾段要再概述一次你的论点，并写出必要的结论。

列大纲是为回答问题提供一个清晰的逻辑结构，仅仅列出知识点还不够，还必须将答案组织成一篇完整的小文章。

3.组织答案。仅在头脑里将答案列清楚是不够的，还要清晰地用文字表述出来。写答案时要注意以下几点：

第一，开门见山，直指主题

开头段应该直接指出你将要说明的问题以及你的明确论点。

例如你可以这样组织上面那个经济问题的答案：开头段概述均衡理论与非均衡理论，并联系当前的几种经济现象对两者进行简单比较；主体段要依据当前的经济现象来具体分析两种理论；结尾段可以用一句话来概括整体，指出哪一种理论对过去两年的国民经济状况更具有实际的价值。

第二，阐释要点时要注意结构性

在主体段中，每一个小段落仅抓住一个要点加以阐释，这个要点须在这段中的主要句子中出现，其他句子都只是用来辅助阐释这个要点而已，而且不要交叉论述各个要点，简洁明了是第一位的。

第三，恰当使用连接词

使用连接词可以使你的思路更为连贯。比如，上一题主体段的第三小段首句可以这样说：“已经研究过当前A和B两种经济现象，此外经济现象C被看成是……”“已经”一词表明你分析过A和B，现在要分析C。

第四，使用各学科术语

一定要学会使用各科的术语，即使题目要你“用自己的语言表达出来”，也不要将答案个人语言化，因为你的答案要和其他人进行交流，要让其他人一见就懂，所使用的工具只能是术语。

第五，用题目中的词句概括论点

能在结尾段中使用题中的词句，将保证你的答案不致离题，并可强化答案的说服力。

其实要真正能够严谨、简洁而清晰地解答问题绝非一日之功。如果掌握了以上的解题方法，并配合自己的具体情况，灵活地运用到实际的考试中，进行长期练习，不断提高自己的解题能力和准确率，就会取得考试的成功。

答题完毕之后的检查工作

人做完一件事后往往会不由自主地松懈下来，当考生答完一份考卷时往往也会产生松弛的情绪。现在的考试，特别是一些关键性的考试，题往往很多，考生做每一道题能用的时间很有限，所以需要及时反应，快速解答，但这样就难免会有疏漏，所以有无自我检查的意识及正确的检查方法至关重要。

做完试卷后可稍微停顿一下，使自己冷静下来，要知道答完试卷只代表完成答题的最基本步骤，并非代表考试已经结束，必须仔细检查答案是否正确、是否完善，千万不要做完后就匆忙交卷。一般来说，特别像高考这些重大考试都不应提前交卷，有时间就应该仔细检查，查漏补缺。

一、最后检查答案

时应该转换思路，采取不同的方法

重新检查答案是考试时必须做的事。但是不少考生检查了好几遍也没能发现错误，这是因为一直使用同样的方法作检查，即使检查的次数再多也不会找到错误。站在心理学的立场来看，可以用“习惯化”来解释这种现象，因为反复受到相同的刺激，就会产生自动的反应，也就是已形成一种“习惯”。

尤其是在演算单纯的计算题时，不检查问题的性质，只是一再确认自己所写的答案有没有错误，结果就可能发生应该移一位却移了两位的情形。为了防止这种因粗心大意而出错的情况，检查答卷时应该换个模式。具体的做法就是改变顺序，或是倒过来推演，从各种不同的角度来确认。

在相扑比赛遇到难以判断胜负的情况时，会由裁判和东西南北四个检查人员互相商讨来决定。因为假如五个人都是从同一方向来看，则无法公平裁决，由各个角度来观察才能做出正确的决定。

二、在检查答案之前一定要看清楚问题的本意

一般考生不管写答案写得多么顺畅仍担心会出错，所以在做完考题后只要有时间，一定要埋头检查，然而有不少人只顾着检查答案，却没有再去看看问题的内容，因此并未达到检查的目的。当然在考场上每个人都会紧张，但由于粗心而写错答案甚至名落孙山，实在令人痛心。

有时候出题者知道考生的毛病，会故意在问题中设下陷阱，假如因粗心而掉进这个圈套，长久以来的准备就功亏一篑了。为了避免这种情形，检查时要先看清楚问题，最好平时就养成这种习惯，在关键时刻才能发挥自己的实力。

三、检查的方法与步骤包括以下几个方面

第一，首先要检查考卷是否完整，核对页码，看看有没有只印了一面的试卷。还要检查学号、姓名是否写好、写在正确的地方，注意答题卡的填写是否正确，是否有错位的现象。

第二，检查是否漏题，从大题到小题，从正面到反面，各种题型都要仔细核对。要特别注意检查试卷的背面部分和装订的部分。

第三，检查的顺序大致上应该先检查较容易、较省时间，但又有可能错误率高、自己不太有把握的题目，然后再检查难的、费时间的、错误率低的、较有把握的题目。这样做既可以充分利用答题结束后的有限时间，检查时又可以抓住最有可能出错的地方，因此可以提高检查的效率。

第四，要特别重视整合题的答题步骤或要点是否完善齐全。整合题一般难度较高，需要回答的步骤也比较多，评分也往往是按步骤给分，所以作答时一定要十分小心，答题步骤一定要注意完整性，并且要合乎规定，这样即使拿不到满分，也可以从中得到一些分数。

最后，检查答案是否要进行必要的修改或适当的补充，包括作答的内容是否准确、概念是否有混淆的地方、关系是否颠倒、有没有写错别字，或是意思有没有写反、标点符号是否恰当以及句子是否通顺等，有时还可以运用逆向思维，思考答案是否符合题意。如果有时间，数学等需要计算的科目要尽可能进行验算。

在检查时要防止自我怀疑，把原本做对的题目给改错了。其关键是检查时要从基本概念、基本知识、基本原理、基本验算过程，来检查答案的正确性和完整性，而不要从怀疑自己出发，毫无根据地怀疑答案的正确性，把原来正确的答案改掉，匆忙地加上残缺不全或错误的内容。

第四章 身心健康

——好身心是成功应试的前提

健康的身体和良好的精神状态是考试成功的重要条件。因此你要使生活习惯一如既往，以保持充沛的体力、清醒的头脑、平静的心情，来增强考试的信心，从而在考场上获得最大的成功。

以充沛的精力进入考场

在紧张、繁重的总复习之后，头脑会极度疲劳，体力上也会有极大的消耗，最好是在考试前能好好休息三五天，进行适当的运动，并保持充足的睡眠，使身体能得到短暂的休息。这样临考时才能精力充沛、精神振奋，不但遇到一般问题能驾轻就熟，就算遇到难题顺利解决的概率也会大大提高。这就好比运动员临赛前一定会好好休息，调整好身体状态，以创造优异的成绩。这是从无数正反两面的经验教训中总结出来的规律。

此外，要避免考前“开夜车”，因为那将造成意想不到的损失。考前的充分休息，表面看来是浪费了一点儿时间，但事实上在考试时反而会很有收获。相反，若是考前“临阵磨枪”，表面上好像是争得了时间，但由于过度疲劳、神志不清，反而会给考试带来损失。“失就是得，得就是失”，当你在考前犹豫着要不要休息时，别忘了这句话。那么临考前应注意些什么呢?

第一，临考前注意饮食卫生

有位科学家说：“智能是吃出来的。”这话似乎有些夸张，但临考前供给大脑足够的营养是非常必要的。

饮食安排的原则是：能提供人体所需热量，而且清淡、鲜美、可口，易于消化和吸收，并且自己想吃、愿意吃的食品。切记不能暴饮暴食，吃七八分饱即可。

根据供给大脑所需要的营养，又要充分发挥它们潜在能力的原则，我们列出下面的食谱，可供大家参考。

早餐。可任选一种：①鸡丝面或青菜鸡丝面2两；②豆浆一碗，油条1至2两；③米粥1两，馒头1两，煎蛋或红烧猪肝少量；④牛奶一瓶，面包1两，花生少许。

午餐。①主食：米饭或面食2至3两。②副食：肉丝炒青菜、猪肝炒青菜、虾皮炒鸡蛋、青菜炒豆腐等，任选一种。③汤：豆腐青菜汤、蛋花汤、紫菜汤、青菜鸡汤等。

晚餐。①主食：鸡汤青菜面2至3两，或馒头2两、稀粥1两，可任选其一。②副食：红烧带鱼、海米炒青菜、炒豆腐、花生和酱菜等，任选一种。

此外，每天可以吃3至4块巧克力，或在饭后吃少量水果，喝点儿茶或咖啡，但不应该喝浓茶，尽量避免摄取咖啡因。

第二，保持规律的睡眠

养成规律的睡眠习惯是关键的，尤其在临考前的夜晚，入睡困难是极为常见的，这时首先应该告诉自己：考前少睡一两个小时并不会给考试带来严重影响，大可不必为此而更焦虑不安。其次，为了能够尽早入睡，可以试用这种方法：舒舒服服深吸一口气，然后慢慢地呼气，如此重复多次。

另外，每天吃完中午饭后，可以小睡半个小时，但不要超过半个小时，这样既可达到休息的目的，醒来时也能很快清醒。

考前进行适当运动

运动能改善体质，这是因为人体器官在结构和功能上对运动的适应性增强的缘故。但是这种适应性并不是增强了就能一劳永逸的，而是会因中断而慢慢消退。我国科研人员曾对中小学生进行实验观察，证明在运动中断了一段时间后，原来已经增强的器官功能又会开始下降，同样会对健康和读书复习带来不良影响。根据历年来的观察，可能出现下列三种现象：

一、容易神经衰弱

考试复习期间，不少同学都抱着最后冲刺的心态，特别刻苦用功，脑力负担繁重，很容易用脑过度。如果同时又停止了一切运动与娱乐，再加上休息睡眠不足，就非常容易导致神经过度兴奋与抑制功能失调，而造成神经衰弱。但假如在紧张的脑力负荷中，能加上适当的休闲运动，既可增强体质，又可使大脑皮质不同神经细胞群的兴奋受到抑制，从而得到更多氧气及养分的供应，令头脑更加灵活。另外，运动能使心情轻松愉快，使学习时紧绷的脑细胞获得放松。

二、体质变差，感染疾病的概率增加

一位同学觉得自己功课不错，高三模拟考试成绩在全校前五名以内，考取大学的信心十足，但由于成天埋头读书，忽视了运动和休息，在大考前几天生病发高烧，结果未能如愿考进大学。这种例子或许并不少见。要改善体质需要坚持不懈地进行运动，因为人会生病。除了外界的因素外，与身体各器官系统的功能强弱、对外界环境的抵抗力高低，以及

抗病能力的强弱等内在原因有密切关系。通过运动人体各器官功能才能增强，并能提高免疫力，这样就不容易感染疾病了。

三、降低复习思考记忆的效率

人的脑细胞对氧气及养分的供应要求相当高，而且对供应不足又十分敏感。如果复习期间中断运动，整天伏案读书，在长时间静坐中由于心肺功能降低，脑子需氧量高而实际得到的氧气及养分过少，头脑就容易疲劳，使思考记忆效率明显降低。

所以，务必要安排好学习和运动、休息等各方面的关系。在这里我给大家三点建议。

第一，安排好合理的学习与运动时间。同学们的读书时间十分宝贵，所以运动的安排要尽可能符合科学原理。你可以这样安排：①早起运动十分钟左右，时间不宜长。有晨跑习惯的人可持续下去，但速度要慢些，也可在短时间跑步后再做一些体操等。适量的活动会帮助人驱散睡意，使浑身舒坦有劲儿，对一天的学习、情绪都有好处。②下午课外活动时间应保持每天运动二十至三十分钟，因为在一天的紧张课程后，大脑已经有了一定程度的疲倦，运动能使脑力得到良好恢复，晚上的复习效率将会大幅提高。运动可按照个人选择自己喜欢的项目。③在上下午紧张的复习中间，如复习一个至一个半小时后，到室外散步，活动五至十分钟左右，能使接下来复习时思考更敏锐，效果更佳。这三部分时间加起来不到一小时，不但不会影响整个复习计划，而且有强身益智的效果。

第二，复习期间的运动，主要是保持平时运动的成果，使体质继续保持良好状态而不下降，以利于提高复习效率，在应考时精力更加充沛。因此在运动项目上宜选择不太激烈、较轻松活泼的、自己喜爱的活动，如散步、慢跑、球类活动、跳绳等，但切忌进行过于激烈的运动，以免身体过分疲劳。

第三，日常生活要有规律，将复习、运动、休息、营养、睡眠五个方面科学地结合起来，妥善安排。因为这五方面会互相影响，对备考期间体质的改善及效率的提高有重要的作用。因此在努力复习、运动的同时，还应该尽可能保持固定作息和充分的睡眠，并进行一些适当的娱乐活动，如看电视、听音乐、唱歌跳舞等，使紧绷的神经有松弛的机会。另外对营养也要加以注意，切不能为了争取更多的读书时间而缩短吃饭时间，要注意这段时间的饮食，摄取均衡的营养。

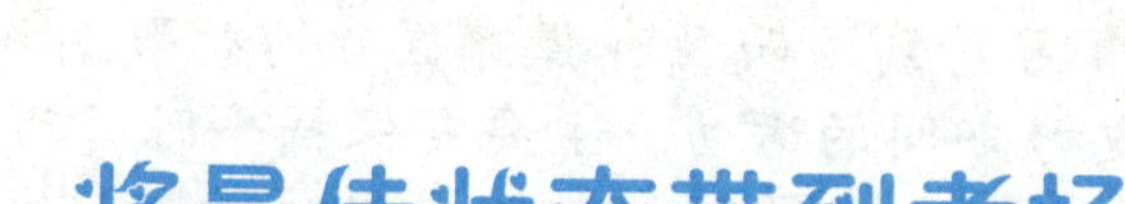

将最佳状态带到考场

古罗马哲学家西塞罗说过：“心理的疾病比起生理的疾病更多，为害更烈。”对考生来说，心理健康和身体健康同样重要。因为不健康的心理会对备考有严重影响，并有可能阻碍考试成功。那么该如何调整考前的精神状态呢？不妨从以下几个方面着手：

一、了解自己和承认自己

大量临床实验和生活经验证明，很多心理不健康的青少年，往往都是因为不能准确把握自己的形象，以及在这个世界的位置，结果不是太过自不量力、痴心妄想，就是过于卑怯懦弱、妄自菲薄。正确地了解自己往往是很难的，要多向老师和同学请教，听取他们的建议，甚至是批评。但是仅仅了解自己是不够的，还需要进一步心平气和地承认自己的不足，全面接纳自己，无论是优点还是缺点，都要保持自我意识的完整与和谐。

二、认识现实和面对现实

诸如“世道不公”“人生无聊”等消极思想，在一些学生中很流行，这主要是因为他们在看待现实问题时夹杂了过多的主观因素。其实现实是不会因为人的好恶而改变的，所以一个心理正常的人，做事和思考问题都应以现实为基础，而不是脱离现实，只有这样才能够面对真正的现实，避免一意孤行及逃避现实。如填写大学志愿虽然是“自愿”，可是也有身体健康状况、地域分布等条件限制，有时或许要忍痛放弃自己的一些追求。如果对此没有正确的认知，不肯理智地进行取舍和抉择，也许会使你愤愤不平，甚至悲观失望，这样不仅不能解决问题，而且往往会造成心理失衡。

三、保持昂扬的斗志

按照心理健康专家的看法，所谓士气就是一种经常保持独立自主的态度，也就是昂扬的斗志。有了士气，人们才能乐观、勇敢，并积极地去面对各种困难与危机。对学生来说，要有高昂的士气才能保持高效率的学习状态，确保考试成功。在现实生活中，每个人都有“我并不比别人差”的想法，这种想法经过有意识地培养和提高，就可升华为奋发向上的斗志。也就是说昂扬的斗志、奋发的志向是经培养而形成的。

以上几个建议可能有点儿抽象，你还可以试一试美国心理健康专家兼精神医学专家乔治·斯蒂芬森博士保持心理健康的“秘诀”：

坦率交谈。找自己能信任、谈得来的、头脑冷静的人交谈，把喜怒哀乐尽情地向对方倾诉。

暂时逃避。如果遇到了严重的冲击或遭受挫折，一个有效的办法就是暂时离开令你感到厌烦的情境，转移一下注意力，经过一段时间就会恢复心理上的平静，或把心灵上的创伤抚平。

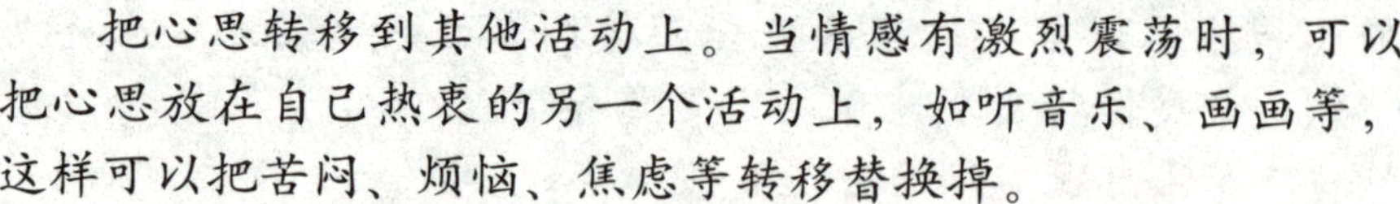

把心思转移到其他活动上。当情感有激烈震荡时，可以把心思放在自己热衷的另一个活动上，如听音乐、画画等，这样可以把苦闷、烦恼、焦虑等转移替换掉。

对人谦让。凡事喜好表现、抛头露面，自然会忙碌不堪，可能会因此而有更多的烦忧。

为别人服务。做好事会使人心安理得、心满意足。

做事要善始善终。面对众多难题时，要先解决容易的，因为有了成就感就会有继续做下去的自信。

避免超过负荷。不要做力不从心的事，更不要连续承担难题，否则会一事无成。

对别人要宽宏大量。对他人要求过甚、不合情理，会增加自己的烦恼、愤怒、焦虑等消极情绪。

给对方机会。让自己处于守势，给对方自我表现的机会，可以避免关系紧张。

自己动手。如果总是在观望、推诿自己的责任，将不利于心理健康。任何事应尽量自己动手。

制订一份休闲计划。如果有一份既愉快又切实可行的休养身心计划，那么在实行计划之前，人的心情会是愉快而且充满企盼的。

减轻压力，轻装上阵

考试本身就有一定的紧张度，再想到老师和家长的期望，又想到自己的理想，考试期间的精神压力可想而知，所以这时就不要再给自己施加压力了，因为在难以承担的压力下是不可能考好的。

临考前应该善于给自己减轻压力。那该怎么减压呢？

第一，临考前不要去想考试的成败将会给自己带来什么后果，也不要老是想只能考好不能考坏，想自己考好了会如何如何、考坏了又会怎样怎样。考试的后果应在平时学习时就多加考虑，因为那时考虑才有意义，可以促使自己改变学习状况，考试的成败也正是取决于平时的学习状况。这些问题如果放在临考前去想，一定会增加不必要的精神负担，使自己在考前处于一种高度紧张和兴奋的状态中，常常表现出对自己的学习一百个不放心，以至于一会儿看看这些知识，一会儿又看看那些内容，自己明明记住了的东西又不放心，非要再看一次不可，弄得疑神疑鬼，吃不下也睡不好，使得大脑神经细胞越来越疲劳，等到真的进入考场时，大脑细胞可能会处于最糟的状态。

总之，在临考前不要去想考试的成败，此时想这些问题不仅不利于考试，而且还会给自己造成沉重的心理负担。

第二，临考前要想好万一考不好的“对策”。期中考试前可以想好，万一考不好，后半学期再努力就行了，把期末考试考好。期末考试前可以想，万一考不好，利用假期赶紧恶补，利用下学期追上去。高考前可以想，万一考不好可以明年再考，或者在工作中自学，另谋出路。如果能永远这样向前看，不只有了考不好的心理准备，也有了最积极的对策和出路，精神压力就会小很多。

第三，临考前，对自己的期望要符合现实。学习水平的提高要经过循序渐进的过程，需要经过长期的努力才会见效。每个人的情况各不相同，而影响学习效果的因素又有那么多。所以每次临考前对自己的期望一定要符合现实，不切实际的过高期望，在考前给自己带来的只会是精神负担，而考后给自己带来的则是失望和烦恼。

第四，正确对待外来的压力。临考前有许多家长总爱给自己的孩子施加压力，说什么“考不好就不要进家门”“再考不及格，放假时哪儿也不许去”，或是“进不了前十名就别来见我”。碰到这种情况，一方面要体谅父母望子成龙的心情，不要和父母顶嘴、吵闹，以免使自己的情绪受到更大的影响；另一方面要检讨自己本身的问题，看看平时在学习上是不是有令家长不满意或不放心的地方。如果一个学生在学习上能严于律己，勤奋学习，并懂得尊敬家长，就算没考好，家长一般也不会说出上面这些话，而且还会安慰和帮助自己的孩子。

稳定情绪，从容应考

假如在考试的时候，你的注意力集中、感知敏锐，能将考卷看得清清楚楚，避免漏题和看错题；你的记忆条理清晰，写出的答案前后有序；你的思维积极主动，回答问题时下笔流畅，能很快并灵活地写好答案；你的心情平静如水，安心地走出考场，心中有无限喜悦，那你的考试一定是成功的。达到这种境界依靠的是什么呢？就是靠考前的充分“知识准备”及考场上的“最佳心理”状态。

要在考场上把自己的情绪控制在最佳状态有三种方法。

第一，能对问题有深刻、正确的认识，可以加强情绪的稳定性。首先要看我们心中对这场考试有没有底，考前对这门功课是否准备充分。所谓“充分”，起码有三层含义：其一，这门功课的基本内容是否都掌握了，如果题目都会答，情绪自然能保持稳定。其二，若仅是会了，但达不到一定的熟练程度就不算充分。因为现在的考题范围大，题量也多，所以仅学会回答一般的问题还不够，答题的速度还要快。如果之前就能熟练应付各种题型，答题时自然效率高，心里也踏实，情绪自然是稳定的。其三，能对考试充满必胜的信念，你的情绪一定是稳定的。信心是确保考试成功的精神支柱，它能增添力量让人

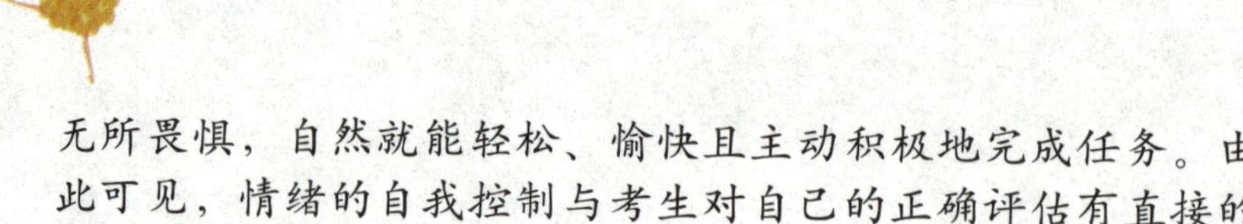

无所畏惧，自然就能轻松、愉快且主动积极地完成任务。由此可见，情绪的自我控制与考生对自己的正确评估有直接的关系。

第二，积极的语言暗示可以加强情绪的稳定性。如现在体育运动界所用的积极语言暗示就是一个行之有效的办法。当感到自己无能为力时，可以暗示自己，也就是进行一些加上词语暗示的深呼吸活动，例如当你吸气时可以想成“吸进力量”，呼气时可以想成“呼出污浊”等。这种语言暗示可以使你精神振作、情绪稳定。所以当各位同学进入考场后，出现慌乱无法冷静的情形时，就可以用“沉着”“冷静”等自我暗示语来安慰自己，加强情绪的稳定性。就像我们常说的“人逢喜事精神爽”这种“自我增力”的感觉，不仅能调节自己的不良情绪，产生冷静、沉着的稳定情绪，对减轻不愉快情绪的强度也是有效的。

第三，良好的行为、姿态可以稳定情绪，同时可以产生积极的冲劲顺利完成考试。心理学研究显示，一个人的行为、动作姿态，可以直接影响他的情绪。比如到了临考那天，在不影响休息的情况下，一定要起得早一些，早一点儿梳洗完毕，让自己精神抖擞地步入考场，充满信心地迎接考试。不能小看这些动作，因为由这些动作里面就能看出一个人的心境，别人看了也会觉得这个考生很有精神，自然也会受到感染而觉得信心百倍。这种积极情绪可以使我们体内的生物化学环境产生变化，可以提高大脑皮层神经传递过程的兴奋性，使思路活跃灵活，回忆问题的速度加快，答卷效率也会跟着提高。

也就是说，同学们既然在考前做好充分准备，而且又充满了必胜的信心，就应精神饱满、落落大方地进入考场。接过试卷时，要用“沉着”“冷静”等语言来暗示、鼓励自己，这样肯定能得到理想的考试成绩。要想达到这一目标，就要加强心理训练，控制自己的情绪，进而产生最佳的心理状态，这样才能顺利度过辛苦的考试过程，取得优异的成绩。

保持旺盛的脑力

在各类大型考试中，尤其是竞争激烈的考试，考试的时间一般会长达两三个小时，考生需要长时间连续用脑，进行回忆、分析、综合、比较等思考活动，因此常常会出现脑力疲乏的现象。

有的考生在考试时会出现疲乏、困倦、浑身不舒服、烦躁着急、记忆力减退、回忆缓慢而困难、思维阻滞、反应迟钝、思考解答问题的能力明显下降等现象。例如一些考生常说“头好像快炸掉了”“明明看着考卷却不懂上面在写什么”“脑袋里面好像装了糨糊”等，这正是大脑疲劳的早期现象。

大脑疲劳对考生考试时的思维有很严重的干扰，使知识水平、智力、才能不能得到充分发挥，更严重的话就不得不中途交卷离场。因此必须采用有效的方法预防，消除大脑疲劳，保持旺盛的脑力来参加考试。

首先，考试时心情要愉快、轻松。心理学研究证明，一个人在心情舒畅时，大脑细胞的活动会处于最佳状态，从事需要用智力的活动也会成效显著；反之，在忧伤、迷惘、抑郁时，记忆和思考能力则大为降低。而且情绪饱满愉快就不易产生厌倦感，所以要注意克服紧张、烦躁、沮丧等情绪，不为个别偶发事件而烦恼、气闷，要轻松愉快地参加考试。

其次，用脑时要讲求科学方法，因为大脑皮层的活动规律是由兴奋到抑制，再由抑制到兴奋，要注意调节神经

细胞活动的节奏性。人在考试时专管视力、记忆力、思维等区域的脑细胞会兴奋起来，其他区域的脑细胞则处于抑制状态，因此连续用脑一段时间（如一小时左右），在座位上能被允许的范围内活动一下手腕和身体的其他部位，休息四五分钟，让思维暂时离开考试，想想别的内容，这样能使另一群脑细胞兴奋起来，让原来兴奋的细胞转入抑制。有节奏地转换大脑的兴奋和抑制，才能使头脑发挥最大的能量。所以说在考试中休息几分钟，往往能有更多的收获。

第三，考试时要讲究正确的坐姿。考试时要放松肌肉，不时挺胸进行深呼吸，并束紧腰带，将背伸直，紧闭嘴巴，偶尔可以往远处眺望，这样可使氧和糖的供给充足，使脑内的血液循环保持在良好状态。

第四，要注意劳逸结合。考前和考试期间都要有充足的休息和睡眠，这是使脑部由兴奋转为抑制，使神经细胞内消

耗的能量得到充足补充，并获得充沛精力所不可或缺的最佳措施。猛开夜车，实行疲劳战术的做法是得不偿失的，还要注意进行适当的运动，既可让疲劳的神经细胞得到休息，防止过度疲劳，又能有效消除因为身体活动过少，血液停滞在内脏器官内的状态，促进血液循环，把大量的氧气和营养物质输送到大脑，使头脑保持清醒，思维敏捷。

第五，感觉疲劳时可用不同的方法来消除，如转移法，也就是把思维从考试转移到完全无关的事物上，如在计算纸上涂鸦，或注视某个事物等。又例如按摩穴位法，可提神醒脑解除疲劳，其具体方法是：用两个拇指交替按摩两掌心的劳宫穴，以感觉到酸胀为度；或伸展两手手掌，分别贴于脸颊两边，拇指按揉后颈部的风池穴，同时食指或中指按揉额侧部的太阳穴，同样以感到酸胀为度。

最后，考试期间三餐一定要吃饱，多吃含高蛋白的食品，如鸡蛋、瘦肉、牛奶、豆类制品、鱼类等，以供给大脑足够的养分。

保持充分的自信

考试，特别是升学考试，是人生旅途上的重要一战。在这个关键时刻，考前出现一些心理波动的现象是很正常的，对大多数考生来说也能够承担下来，但如果考生过于敏感，或者家长期望过高、外界压力过大，则考生会出现过度焦虑。因此对考生而言，调节自己的心理状态，充满自信迎接挑战是十分重要的。

充满信心是考试取得胜利的必要条件。自信心是指一个人对其自身能力、自我发展的肯定，是自我意识的重要组成部分。具有自信心是一个人自我意识成熟的一种表现，每个有上进心的学生都应当充满自信，只有充满自信才能发挥真正的实力；反之，若缺乏自信怀疑自己的能力，遇到困难畏缩不前，就难以展现自己的水平。其实考试的竞争在一定程度上，也算是一种心理素质的竞争。

古往今来，凡是在学问或事业上有所成就的人，无一不是以坚强的自信为先导的。古希腊学者阿基米德曾宣称："给我一个支点，我将可以撬起地球。"从事科学研究要有自信，从事体育运动要有自信，当然对学习、考试同样要有自信。

充满自信、努力奋斗争取成功的过程，也是一个不断战胜失败的过程。从这个意义上来看，没有失败就没有成功。前苏联的"火箭之父"齐奥尔科夫斯基领导研制第一枚战略导弹时，一位科研人员曾经很沮丧地告诉他，为解决某项技术难关已做了1000次试验，但都失败了。他却亲切地说：

"实际上你的研究很了不起，已经发现有1000种方法是不能用的。"而英国作家约翰·克里西在发表第一篇作品前，曾收到与他身高相等的退稿信，有人问他对此有何感想，他幽默地说："这些退稿信是我最宝贵的收获，它告诉我还不够资格成为一名作家，还需要多加练习。"

这些事例让我们了解到，不要把学习和考试时遇到的失败看得太重，不能从此一蹶不振，更不要"一朝被蛇咬，十年怕井绳"，对学习或某一科目产生异常的恐惧心理。

第一，信心建立在对自己水准的客观评估上，也建立在适当的期望值上。

一般说来，考试前就已将知识经由复习输入自己脑中，大致上就已经决定了程度的高低，真的想要在考试时得到自己水准程度以上的成绩是不太可能的；但如果因为情绪不稳定，意外地大失水准则令人十分惋惜。重要的是要把握住真实的自己，实事求是地分析自己有哪些胜利的条件和潜能。一个人的潜能是无穷的，即使是一个成功者也可能只发挥了所有潜力的十分之一二，还有十分之八九的潜能没有发挥，没有被挖掘出来。

美国作家爱默森说："自信是成功的第一秘诀。"如果能以这种态度去面对考试，紧张的心情就会平静得多，就能把考试，特别是一些重要的考试看作是自己经历过的数百次测验中的一次，只是对自己学习成果的一次评估。

第二，自信亦建立在正确看待前途上。

考试，特别是关系自己前途的大考，许多考生往往带着沉重的包袱去参加，因而影响了成绩。其实随着经济的不断发展，高等教育也更加普及，通过考试上大学已不是成才的"独木桥"。能上大学当然是一个很好的机缘，但若由于种种原因上不了大学，那也不必过于悲观，因为通往成功的道路宽广得很。

古今中外，有许多人虽然没有上大学但在自然科学和社会科学领域里取得了卓越成就。《聊斋志异》是作者蒲松龄

在屡次科举考试落榜后愤然写出的文学名著，而他也因此在中国文学史中独占了一席之地。被恩格斯称为“近代化学之父”的道尔顿也没有受过高等教育。另外，像画家齐白石、企业家王永庆等也都没上过大学。近几年来自学成才的事例更是不胜枚举。

为了增加自信，考生在考试时切忌去思考题目的难易和能否考出好成绩等问题，以免分散自己的注意力。要在临考前和考试过程中，摆脱掉各种压力和干扰，将注意力高度集中在试题上。如果将大考当作平时的期中、期末考试一样对待，就会摆脱许多额外的压力，而且能应用过去大小考试的经验，在极为关键的重要考试中也能有很强的自信。这种能自我胜任的感觉可以帮助考生心平气和、沉着冷静、轻松自如地发挥自己应有的水平。否则，考试时总是怀疑自己的水平不如别人，总是担心自己考不出好成绩，注意力必然会分散，更会因遇到难题而加重心理负担，这种心理包袱会严重影响人的思维敏捷性、速度和变通性，结果难以发挥出应有的水平。

另外还可以适度进行自我心理暗示，比如“我平时成绩很好，也好好复习过，一定能考好的”“我答不出来，别人也不一定能答出来”“题目深浅难易无所谓，反正难大家都难，易大家都易，机会均等”。这些自我暗示都能增强自信，稳定情绪，使自己迅速进入状态，集中精力沉着应考，创造最佳心境，考出最好的成绩。

消除考前紧张与焦虑

考试快到了，心中难免会紧张不安，甚至常常失眠。越是临近考试，就越要注意消除紧张心理，保持良好的精神状态。

首先，不妨歇一歇。临考前应该放松，缓冲一段时间，别把弦绷得太紧了，所谓“文武之道，一张一弛”。让大脑左右两半边替换着运用，多进行些运动，暂时不去想考试的事。围棋大师聂卫平每次在重要比赛之前，都不是在想围棋的事，而是打点儿桥牌或做点儿别的什么事。我们不妨也采取类似的办法，借以消除过度的精神紧张和疲劳。

其次，可以对知识来一次大检阅。在临考前一周左右，如果还慌慌张张地忙于复习就不太妙了。此时，除了放松一下之外，主要应该从全局上对所学的知识来一次大检阅，从总体上、轮廓上将各种知识系统化，不要再钻研具体、枝节的问题。

第三，放下思想包袱。不少考生在面对重要考试时，会认为成败皆在此一举，如果考不上，自己一生的命运也就完了，甚至还有考生产生轻生的念头，这可是大错特错了。能考上当然好，但考不上也别沮丧。父母的期望，甚至亲友的注目都是一种压力，但若把自己生命的全部筹码都压在考试这一关上，未免就有些迂腐了。通往成功的道路绝非只有升学一条，许多落榜者不都照样生活得很好吗？只要自己努力去学、去考，那无论结果如何都能问心无愧。

第四，熟悉环境。对考生来说，一个比较熟悉、舒适的

环境往往有利于正常发挥；而一个陌生的环境，则可能影响思路的开阔。所以在考前最好先熟悉一下环境，了解考场及座位的位置，准备好考试用品等，以免因考前找不到考场或未准备好考试用品而慌乱。

第五，学会自我放松，考前心情切勿急躁。考试总是一科一科考下来的，急也没用，即使一点儿把握都没有也不要着急，不要在考前开夜车，“临时抱佛脚”。从复习考试的情况来说，考前一周基本上大局已定，不会再出现奇迹和变化了，不如巩固原有的成果，到时候能把已掌握的知识正常发挥出来，就算是最理想的状态了。

另外，考试成绩的好坏与情绪是密切相关的。考前焦虑对考试的临场发挥有很大的影响。

焦虑有程度上的差异，可以分为高度焦虑、中度焦虑和低度焦虑三种。

高度焦虑会使人精神过度紧张，压力大且信心不足。在每次考试之前，我们常会发现有些同学还没有进考场就已经精疲力竭，甚至病得卧床不起。曾经有一位高三毕业准备参加高考的同学，在考前总怕自己考砸，加上考前复习，长久以来总紧张得睡不好，神经一直绷得紧紧的，以至于考前三天就不能入眠。眼看第二天就要考试了，前一天晚上这位同学要求家长给他吃一片“安眠药”，但是吃完后仍睡不着，于是凌晨四点又吃了一片。没料到，上午要考试时药性才开始发生作用，该同学昏昏沉沉，似睡非睡，全身虚软无力，由两位同学搀扶才进了考场，其考试结果可想而知。

还有一位同学平时学习认真，爱好运动，但是每到考前总要病一场。后来他向老师吐露了实情，原来每次考试他总要争得班上前三名，认为考出好成绩能得到师长的赞扬、同学的敬佩，但又怕万一考不好会被父母责备，遭同学议论，在同学面前丢尽了面子。因此考试前总是忧心忡忡，一会儿信心十足，一会儿又担心害怕，每天读到深夜一二点钟，吃不好饭也睡不好觉，所以每到考试时就心力交瘁、体力不支。像上面所说的这种高度焦虑对考试极为不利，会影响临场发挥，降低考试成绩。

低度焦虑则恰好相反，有少数同学对考试不够重视，态度不够认真、过于松懈，这种对待考试的态度当然也不能取得好成绩。有位同学以高分考入了重点高中。进入高中后他以为凭着小聪明到考试前冲刺一下就行了，所以平时大家认真学习，做作业，他却在课上看小说、睡觉，而且经常不做作业，直到考试前才拼一下。结果到高二时五门课中就有两门不及格，但他并未吸取教训，也不为此而焦虑，认为反正平时考不及格也能参加高考，根本不愿意好好学习。结果到了高三下学期竟有四门科目不及格，他这才开始紧张地备考，但是因为基础不好，没能在短时间内准备好，高考的时候一败涂地。由此可见，低度焦虑所产生的轻率、懈怠、无所谓的态度，同样对考试十分有害。

而许多事实则证明，中度焦虑最能激发学习的动力，在考试中取得好成绩。保持中度焦虑的同学既能认真对待考试，为取得好成绩而努力，又不会过于顾忌考试结果而患得患失。以这种心态参加考试，往往不会产生临场失误，甚至能超常发挥。有一位同学，平时成绩在班里属上等，但在高考前的几次模拟考试中，成绩未能名列前茅。但模拟考试结束后，这位同学的家长总与他一起分析未能发挥水平的主要原因，原来他对较具综合性的考题不太适应，而非本身的能力或对知识掌握不足所导致。经过对试题的认真分析，这位同学并未因模拟考试成绩欠佳而产生很大的情绪波动，他针对自己的问题，将高考前的学习计划重新作了调整，满怀信心参加高考。果然在考试时发挥了他的实力，以相当高的分数考入了清华大学。

考前一夜要休息好

明天就要上考场，对许多考生来说，这是最不该失眠却也最容易失眠的一夜。考前一夜若失眠，第二天精神欠佳，水平就难以正常发挥。要想不失眠，就要注意入睡的方式和方法。

首先，要有规律的睡眠时间，平时就要养成定时作息的习惯，久而久之会有一定的生物钟，不会轻易改变。

其次，睡前饮食要适当。睡前不要饿肚子，但也不能吃得过饱或过于油腻。同时，也不要吸烟或喝刺激性饮料。

第三，保持心情愉快，忽视那些令人烦恼的事。

第四，创造舒适的睡眠环境，让空气流通，没有怪气味；保持室内安静，灯光调至微暗，最好关灯；并且挑选合适的枕头，和较硬一点儿的床，当然室外也不能有吵扰声。

第五，睡前要心绪安宁平静。睡前不看惊悚小说，不进行剧烈活动，也不要进行激烈争论。

第六，要有一个合适的入睡姿势。睡觉时勿

以棉被蒙着头，也勿趴着睡，四肢要防蚊虫叮咬。

如果上述方法仍然不能使你安然入睡的话，不妨试试下列方法来摆脱失眠的困扰：

寻根溯源法

睡觉前稍微思考一下失眠的原因，找到原因并大致订出解决这个问题的方案就可以了，今晚就不再去想，不再去自找烦恼。如此解除心理负担就能入睡。

欲擒故纵法

越是睡不着觉，就越会心烦意乱，有时越想马上入睡，也就越睡不着。这时你可以想：我现在反正不需要睡了，只是要安静地躺一躺而已。这会使大脑松弛一下，转移了“睡不着”这个困扰，反倒能入睡了。

表相制胜法

这是国外精神科医生常向失眠者推荐的一种方法。睡不着时你可以专心地想象令你感到愉快的场景，或称心如意的事情。这些场景或事情可以是自己亲身经历的，也可以是想象的，譬如你可以想象自己正躺在美丽的海滩上或柔软的草地上，想象自己已经入睡了，而且睡得很香甜，还做着美梦呢。运用这种“表相制胜法”效果颇佳。

计算呼吸法

失眠时可以用深呼吸来稳定情绪。深呼吸时要排除一切杂念，尤其要忘掉烦恼的事情，一心一意专心在数数上面，1，2，3……一直数下去。一般情况下只要五至十分钟就能见效。

一杯水安眠法

有时是因为肚子饿而睡不着，这时可以喝一杯水，既能让胃得到些许饱足感，又不会使神经过于兴奋。当然如果是饿过头了，还是稍微吃一点儿东西比较好，但不要放开胃口大吃一顿，否则反而会睡不着。

后　记

正确对待考试

虽然考试对我们来说很重要，前面所有的内容也都讲述了如何应对考试，但我们应该以正确的态度对待考试。

首先，不做分数的“奴隶”。斤斤计较分数的高低，就会拉大分数值和真实知识水平之间的差距。一般说来，分数的高低是学习好坏的一个重要指标，但这有个前提：高分应是建立在对基础知识的深刻理解，对概念、定义、定律、公式、法则、词汇、写作等灵活运用的基础上。只有这样，知识的获得才能和智力的发展相互一致，知识才有其真正的价值。你可以追求高分数，但首先要检查一下自己是不是具备上述那些基础。

其次，把考试作为提升的新起点。正常的考试会像镜子一样，反映出学习的真实情况。考试之后，应把精力放在解决所暴露出的问题上，力求彻底弄懂错误的原因，在此基础上迈出扎实的一步。

另外，一次失败不等于永远失败。在考试中，你难免会有一两次的成绩不好，这可能有许多原因，如考前没有复习好、试题偏难、考试中太紧张等。这并不可怕，谁也不能保证自己在考试中永远处于最佳“竞技水准”，关键是要在考试后认真地总结自己考试失败的原因，做有目标的改进，争取在下一次考试中成功。最可怕的是因为一两次没考好，就对自己失去信心，失去了努力的动力，那在今后的考试中可能永远都会失败。

最后，以科学的态度参加考试。

有些同学平时学得很好，但一到考试，甚至一些关键性的考试就发挥不出应有的水准，焦虑、怯场等心理问题严重地影响着他们的发挥。这里最根本的原因是对待考试的态度不正确，许多同学在参加考试时，过度考虑考试的后果：家长怎么看，同学怎么看，自己的前途如何……这么多的担忧，考试成绩怎么会好呢？所以应该平心静气地参加考试，只将它看成是对自己所学知识和能力的检查。成功了，说明自己前一段的学习效果很好；不成功，现在补救还来得及。

只有这样，你才能够轻松应对每一次考试，同时在考试中真正发挥自己的实际水平。让自己不再为学习和考试苦恼，做一个快乐的学习高手。

好吧，希望本书能够为你的学习生活带来帮助，考试成绩出类拔萃。